高速铁路动车运用所
工程设计关键技术

王利锋　李　豫　徐久勇　吴桂虎　丁　娜　等◎著

西南交通大学出版社
·成　都·

图书在版编目（CIP）数据

高速铁路动车运用所工程设计关键技术 / 王利锋等著. —成都：西南交通大学出版社，2019.8
ISBN 978-7-5643-7055-8

Ⅰ. ①高… Ⅱ. ①王… Ⅲ. ①高速铁路 – 铁路车站 – 建筑施工 – 技术 Ⅳ. ①U238

中国版本图书馆 CIP 数据核字（2019）第 180049 号

Gaosu Tielu Dongche Yunyongsuo Gongcheng Sheji Guanjian Jishu
高速铁路动车运用所工程设计关键技术

王利锋　李　豫　徐久勇　吴桂虎　丁　娜　等　著

责任编辑	何明飞
封面设计	何东琳设计工作室

出版发行	西南交通大学出版社 （四川省成都市金牛区二环路北一段 111 号 西南交通大学创新大厦 21 楼）
邮政编码	610031
发行部电话	028-87600564　028-87600533
网址	http://www.xnjdcbs.com
印刷	四川煤田地质制图印刷厂

成品尺寸	170 mm × 230 mm
印张	10.75
字数	193 千
版次	2019 年 8 月第 1 版
印次	2019 年 8 月第 1 次
定价	68.00 元
书号	ISBN 978-7-5643-7055-8

图书如有印装质量问题　本社负责退换
版权所有　盗版必究　举报电话：028-87600562

前言

动车运用所是高速铁路的重要设施，承担着动车组整备、一二级检修、临修和存放作业等任务，保障动车组"准点、可靠、安全"运行。我国已有十多年的动车运用所建设与生产经验，工程设计技术基本成熟。近年来，动车运用所检测设备逐渐向自动化和智能化方向发展，运营单位对舒适性和快捷性需求越来越高，检修标准不断革新，使得工程设计一直在不断演化发展。如何在高速铁路建设的大潮中，准确把握工程设计的脉搏，引领工程建设，是设计师必须面对和解决的问题，因此，有必要系统性地深入研究，形成成套工程设计技术，促进我国高速铁路技术的发展。

工艺设计无疑是动车运用所工程设计的关键技术，本书提出了工艺系统设计概念，建立了以工艺设计为内涵，以动车组技术、设备技术、运营管理为外延的工艺系统设计结构框架，提出分别以目的、知识、结果、问题为价值导向的工程思维方式，采用了归纳与分析、综合与分类等系统性科学研究方法，探索动车运用所工艺系统设计技术，其研究成果对铁路机车车辆工程工艺设计以及相关专业设计具有参考价值。

本书由中国铁路经济规划研究院有限公司李豫和中铁二院工程集团有限责任公司王利锋、徐久勇、吴桂虎、王利军、向航鹰、王道君、胡兵、李鹏涛和西南交通大学丁娜老师，以及成都局集团有限公司成都动车段张鲲著。

感恩这个时代给我们提供了参与高速铁路工程建设的平台

和机会，盛世中国，让我们信心满怀，扬帆进击。

感谢中铁第一勘察设计院集团有限公司、中国铁路设计集团有限公司、中铁第四勘察设计院集团有限公司提供的资料，中国动车运用所工程设计能够取得今天的成绩，离不开各个设计院的共同努力。感谢成都动车运用所、贵阳北动车运用所、桂林北动车运用所、南宁动车运用所对我们调研工作的支持。

感谢各个设备供应商，他们供应的设备承载了动车组一、二级修作业，实现了检修、检测功能，为工程设计奠定了基础，祝愿他们能把产品做精、做专，敢为人先，为中国品牌代言。

感谢编辑团队的无私合作，群策群力，使得本书顺利出版。

本书编写过程中，查阅了大量的图书、期刊、论文、网络资料，书中尽量将这些作者录入参考文献，但部分资料未查找到作者，无法署名，在这里深表抱歉，同时感谢这些默默为铁路事业做出贡献的人。

由于时间仓促，书中难免存在不足之处，期望各位学者、专家、读者给予批评指正，以便日后再版时予以修订。

王利锋

2019 年 7 月

目 录

第一章　国内外高速动车组简介　1
第一节　国外高速列车发展历程　1
第二节　国外主要高速列车供应商　5
第三节　中国高速动车组发展历程　7
第四节　中国高速动车组列车供应商　15
第五节　我国高速动车组主要技术参数　17
第六节　动车组主要技术　25
第七节　小　结　30

第二章　国内动车运用所概况　32
第一节　高速铁路网规划　32
第二节　动车组配属　32
第三节　动车组修程修制　33
第四节　动车运用所分布　38
第五节　工程特点　44

第三章　工程与工艺设计　46
第一节　工艺系统设计理论　46
第二节　设计标准体系　58
第三节　运营需求　62
第四节　设备技术　79
第五节　工艺设计创新方法　86

第四章　工艺专业设计　91
第一节　功能定位　91
第二节　工作量计算　91
第三节　规模设计　92
第四节　总平面布置　92

　　　　第五节　生产房屋　94
　　　　第六节　线　路　103
　　　　第七节　室外设备及设施　104
　　　　第八节　相关数据　106

第五章　专业接口设计　113
　　　　第一节　项目组织形式　113
　　　　第二节　接口设计方法　115
　　　　第三节　接口设计内容　116

第六章　设备选型　121
　　　　第一节　基本要求　121
　　　　第二节　主要性能参数　122
　　　　第三节　设备配置　125
　　　　第四节　主要参数/土建条件　132
　　　　第五节　设备供应配合工作　136
　　　　第六节　设备维保　137

第七章　动车运用所的设计与建设实践　141
　　　　第一节　工程设计　141
　　　　第二节　工程建设　146
　　　　第三节　运营生产　155

参考文献　160

后　记　164

第一章　国内外高速动车组简介

第一节　国外高速列车发展历程

一、日　本

1964 年 10 月 1 日，连接东京与新大阪之间的高速客运专线——东海道新干线开通运营，该线采用 0 系电动车组，最高运营速度 210 km/h。在此之前，其他国家的铁路运营速度最高仅为 160 km/h，东海道新干线成为世界上第一条商业运营的速度超过 200 km/h 的高速铁路。此后，日本持续进行高速铁路的建设，并根据不同线路研发和投入运营了多种型号的高速列车。由于日本的高速列车型号较多，这里仅介绍具有典型代表意义的几种。

1．0 系电动车组

0 系电动车组是日本新干线首发的动车组，不仅是日本高速动车组的"鼻祖"，更是世界上第一列高速动车组。0 系动车组首次采用动力分散型牵引控制系统。全列动车编组方式，编组为 16 M[①]，配置了 8 个受电弓，采用直流电机牵引，最高运营速度达到 220 km/h，突破了当时世界上德、法等铁路强国列车的 160 km/h。由于采用动力分散型，轴重只有 16 t，0 系电动车组有效地适应了日本地质松软的情况。

2．100 系电动车组

1985 年，100 系电动车组投入运营，最高行车速度可达 230 km/h。它的最大特点是采用半导体技术并合理化设计，使列车单位质量功率提高，从而有可能编入拖车。100 系电动车组采用 12M4T 的编组方式，并在新干线上首次使用双层客车拖车。

---

① M——动车；T——拖车；L——机车。

3．300 系电动车组

1992 年，300 系电动车组下线运行，编组为 10M6T，最高运营速度达到 270 km/h；同时首次采用交流传动、再生制动、流线型车头、低重心、前后 2 台受电弓等技术，轴重进一步降低至 11.4 t。轴重小成为日本动车组新的亮点，这是当时其他国家无法达到的目标。

4．500 系电动车组

1997 年，500 系电动车组下线运行，编组为 16M，运营速度提高至 300 km/h。虽然增加了牵引系统质量，但轴重仍为 11.4 t。该系动车组还增设了陶瓷粒子喷射装置增加黏着力，使得紧急制动距离和 300 系电动车组相同。

5．N700 系电动车组

2007 年，N700 系电动车组下线运行，编组为 14M2T，运行速度 300 km/h，其中起动加速度达到 0.72 m/s^2，采用了数字 ATC 列车运行控制系统，使得制动更加平稳。特别是采用不同于欧洲国家的摆式列车的车体倾斜技术，通过调节左右空气弹簧的高度，让车体向曲线内侧只倾斜 1°，列车能以 270 km/h 通过 2 500 m 曲线半径，提高了平均旅行速度。

6．E5 系电动车组

2011 年 3 月 5 日，E5 系电动车组下线运行，编组为 8M2T，采用了倾摆式技术，并引入风阻制动机构，运营速度达到 320 km/h。

7．E7 系电动车组

2014 年 3 月，E7 系电动车组下线运行，编组为 10M2T，最高运行速度 260 km/h，能有效适应日本北陆新干线复杂的地理环境，如 30 km 的连续 30‰ 坡道，接触网为 50 Hz/60 Hz 双频兼容等。该系动车组由 5 个单元构成，即使有 1 个单元失效，动车组仍可以在 30‰ 的坡道上重新起动。下坡道使用再生制动，基础制动具有在 30‰ 连续坡道上仅靠空气制动由初速度 210 km/h 安全停车的功能；采用 VVVF 控制方式，ATC 车载信号系统采用感应信号自动切换方式；设置了停电检测装置，以缩短经济制动动作时间，缩短了制动距离。

二、法　国

法国是最早致力于高速铁路运营的国家之一，在 20 世纪 60 年代初，法国的客车最高运行速度就已达到 160 km/h。但是在发展初期，法国高速列车的牵引动力一直来源于航空用的燃气轮机,而非电机,直到20世纪70年代中期,受世界范围石油危机的影响,法国才放弃以燃气轮机为动力的高速列车,加速研制高速电动车组。1983年9月27日,巴黎到里昂间部分高铁线路开通投入运营,采用了流线型TGV(法语Train à Grande Vitesse,法国的高速铁路系统)动车组,最高运营速度为270 km/h,超过了当时日本新干线的220 km/h。首发的TGV-PSE动车组采用动力集中型牵引控制系统,轴重17 t,编组为2L10T,由两台机车前后牵引,采用直流牵引技术,铰接式转向架,初期运营速度达到260 km/h,两年后达到270 km/h,2001年达到300 km/h。

1989年,第二代高速列车TGV-A在大西洋线上运行,仍采用动力集中型,编组为2M10T。该型列车首次采用了同步电机牵引的交流传动技术,并在制动和受流等关键技术上有重大进展,使得高速列车性能和旅客乘坐舒适度均有明显提高,同时运营费用比上一代TGV降低了近20%。2007年4月3日,在法国一段经过特殊加固的铁路线上一列名为V150(very highspeed 150 m/s即540 km/h)的双层TGV列车,经过14 min的连续加速,达到了574.8 km/h的超高瞬时速度,创造了轮轨列车的最高速度世界纪录。

由于TGV运行阻力小、稳定性高、噪声低,在传统轮轨领域的技术领先于欧盟各国,1996年,欧盟各国的国有铁路公司经联合协商后确定采用法国技术作为全欧高速列车的技术标准。

由于日本新干线300系以后的列车表现出轴重轻、再生制动利用充分等优点,使得欧洲也开始重新审视动力分散型的优缺点。2007年2月,法国阿尔斯通公司研制出世界上第一个采用铰接式转向架、动力分散型的第四代动车组——AGV(Automotrice à grande vitesse),运行速度360 km/h。因为AGV的优良特性,所以2008年1月17日,意大利的ITALIO公司与阿尔斯通公司签订了采购25列11辆编组NTV动车组,运营速度360 km/h的合同,并于2012年4月18日正式运营。

三、德　国

德国铁路自20世纪80年代开始发展250 km/h以上的高速客运列车,其高铁系统简称为ICE系统(Inter City Express),即"城际快车"。首先研制了名为ICE-V的试验样车。该车由德国西门子公司与Adtranz公司联合开发,于1985年投入试运行。在1988年5月1日的试验中,速度达到406.9 km/h,创造了当时的世界纪录。

随后在1991年6月，德国第一代高速列车ICE1正式投入运营，主要在汉诺威—维尔茨堡、斯图加特—曼海姆2条高速线路上运行。ICE1的牵引控制系统为动力集中型，14辆或16辆编组，采用异步电机驱动的交流传动技术，运营速度为280 km/h，但轴重达到19.5 t。

1997年，ICE2投入运营。ICE2也是动力集中型，相比ICE1，ICE2只有一节动力车，另一端为控制车，其余为拖车，并且可以两列车重联运行。

2000年，ICE3正式运营。ICE3调整为动力分散型，轴重也降至16 t，编组为4M4T，设计最高速度330 km/h，可重联运行。另外，为实现欧洲跨国高铁旅行的目的，德国在ICE3的基础上开发出了ICE3-M型动车组。该车型可适应交流、直流等多种供电制式，因而德国开通了多条"欧洲跨境高铁线路"，将英国、比利时、荷兰、瑞士、奥地利的铁路连接起来，乘客可以乘高铁跨越多国。

2015年12月，德国第四代列车ICE4正式亮相，该车长345 m，830个座位，12辆编组，6M6T，最高运行速度250 km/h。虽然ICE4的最高运营速度较ICE3有所下降，但是车辆整体质量变小，载客量更大，旅行舒适度更高，效益更好。

四、意大利

意大利是欧洲最早建设高铁的国家之一，早在20世纪60年代就研究兴建高速铁路。意大利最初的建设思路是不对线路设施进行重大改造，而仅对机车车辆进行改造，以提高运行速度，降低建设费用，因此它将重点放在摆式列车的研究上。

摆式列车的原理是列车在通过曲线区段时，车体自动向曲线内侧倾斜以补偿一部分欠超高，减少乘客的不舒适度，从而可以提高列车通过曲线的速度，进而提高列车的旅行速度。在曲线区段越多的线路上，摆式列车的提速效果越好。根据车体倾摆原理的不同，摆式列车分为主动式和被动式两种。主动式是通过安装在头车转向架上的传感器发出即将进入曲线区段的信号，车载计算机进行计算、处理控制液压或电动机机构使车体倾斜。被动式摆式车体则是使车体的摆动支点远离并高于其重心，因而列车通过曲线时，车体下部向外摆，而上部向内摆。主动式摆式车体技术较复杂，但是提速效果好，可以提高曲线通过速度30%以上。

经过了十多年的研究，意大利终于在1975年研制出第一列摆式列车

ETR401 列车。由于运行效果不错，被德国、芬兰、捷克、波兰等欧洲等国纷纷引进。1988 年，第二代 Pendolino-ETR450 列车投入使用，这是第一种正式生产的摆式列车，采用直流传动技术，编组为 8M1T，最高运营速度达到 250 km/h，采用铝合金车体。

1994 年，第三代 Pendolino-ETR460 列车投入运营，首次采用了 GTO 控制的交流异步电传动技术，编组为 6M3T，运行速度达到 250 km/h。

1995 年，ETR500 列车投入运营，速度达到 300 km/h，采用动力集中型，编组为 2M12T，取消了摆动式。

2008 年，ETR600 列车采用 4M3T 编组，最大速度仍为 250 km/h。

2016 年，ETR1000 列车下线运行，运行速度达到 300 km/h。

五、西班牙

西班牙高速铁路 AVE（西班牙语：Alta Velocidad Española）。1984 年，为配合在塞维利亚举行的 1992 年世界博览会，西班牙开工建设首都马德里至塞维利亚的高速铁路。该铁路于 1992 年 4 月正式开通，采用客货混跑方式，主要开行 AVE 高速列车（速度达到 300 km/h）和 TALGO 200 摆式列车（速度 160/200 km/h）以及少量 140 km/h 货车，该铁路的造价是 730 美元/千米。在 20 世纪 80 年代，相比较 TGV-大西洋铁路的 850 美元/千米以及德国高铁的 2 770 美元/千米，西班牙高速铁路是欧洲造价最低的高速铁路。

首批 AVE 列车 S100 是西班牙引进法国高速列车和德国的信号系统及交流供电技术，根据阿尔斯通公司的 TGV-A 的方案设计研发而成的，为动力集中型，编组为 2M8T，轴重 17 t，采用铰接式转向架。

2005 年，AVE S102 列车下线运行，编组为 2M12T，运行速度达到 350 km/h。AVE S103 列车是 AVE 唯一的动力分散型高速列车，采用 4M4T 编组形式。

第二节　国外主要高速列车供应商

1. 法国阿尔斯通公司

法国阿尔斯通公司（ALSTOM）曾是全球电力基础设施和轨道交通基础设施领域的领先企业，其创新环保的技术已成为行业的参照基准。2015 年 11

月,阿尔斯通公司将能源业务(发电和电网)出售给通用电气(GE),现该公司完全专注于轨道交通领域,业务遍及全球60个国家的105个地区。2018年度公司销售额为73亿欧元,员工34 500人。

在高速列车领域,阿尔斯通公司提供了多种产品,代表性产品是TGV列车。到目前为止,TGV已发展到第四代AGV。阿尔斯通公司的其他产品还包括Pendolino系列摆式列车、Euroduplex双层高速列车等。

2. 加拿大庞巴迪

庞巴迪(Bombardier)是一家总部位于加拿大魁北克省蒙特利尔市的国际性交通运输设备制造商,行业排名世界第一,拥有员工69 500人。公司主要产品有支线飞机、公务喷气飞机、铁路及高速铁路机车、城市轨道交通设备等。

与铁路相关的部分是庞巴迪运输部(Bombardier Transportation),它是全球最大的铁路与轨道设备生产商,产品包括铁路客车、机车、转向架、车辆动力及控制系统,提供的服务包括铁路控制解决方案及完整的运输系统建造。在高速列车领域,庞巴迪生产了ZEFIRO系列高速列车,并参与了欧洲现行所有超高速列车的开发,包括德国ICE家族、意大利ETR500列车、西班牙AVE列车、法国TGV 4个不同系列的列车,同时还有美国Acela高速摆式列车和瑞典的Regina动车组(CRH1型动车组原型车)。

3. 日本川崎重工业株式会社

日本川崎重工业株式会社(Kawasaki Heavy Industries,Ltd.)简称川崎重工,创建于日本明治维新时代,发展至今已逾百年。它以造船业起家,现在的业务涉及交通运输、能源、工业设备等多领域,年销售额近8 900亿日元,员工3万余人。

川崎重工下属的车辆公司是多种新干线高速列车的制造商,包括新干线700系、N700系、E2系、JR683系、efSET等。efSET高速车辆是川崎重工为适应国外运行条件标准制造的一款动车组,最高运行速度为350 km/h。

4. 德国西门子股份公司

德国西门子股份公司(SIEMENS AG)是全球电子电气工程领域的领先企业,创立于1847年,主要业务集中在工业、能源、医疗、基础设施四大业务领域,拥有员工37万人。

与铁路相关的部分是西门子交通运输系统,产品覆盖自动化及动力系统、公共交通铁路车辆、地方铁路及干线服务、整套承包系统及综合服务、铁路信号及控制系统和铁路电气化。西门子股份公司在电力机车制造领域一直处于世界领先地位，是 ICE 系列高速列车的制造商。

第三节　中国高速动车组发展历程

中国对高速铁路的研究虽然起步较日欧晚，但是经过十多年的发展，现在的中国高铁已然走在了世界前列，拥有了多个"世界第一"的头衔，成为中国一张闪亮的名片。

——世界最长营运里程，2.9 万千米。

——世界首条高寒带高铁线路，哈大高铁。

——世界上运营里程最长的高铁线路，京广高速铁路，全长 2 298 千米。

——穿越最长风区，一次性建成通车距离最长的高铁，兰新高铁，全长 1 776 千米。

——世界高铁常规线路运行试验速度最高纪录，CRH380A 型动车组，486.1 km/h。

目前，中国动车组覆盖 160～380 km/h 速度等级，种类最全，涵盖城际中高速、干线高速，能适应高寒、高温、强紫外线、高湿、强腐蚀、多风沙和高原等多种气候及自然环境。

总览中国高速动车组的发展历程，经历了 3 个发展阶段，随着时代的进程，中国动车组技术将向标准化、宜人性方向发展，从而更加成熟。

一、第一代高速动车组

从 2006 年开始，中国引进加拿大庞巴迪、日本川崎、德国西门子、法国阿尔斯通等公司的高速动车组技术，进行消化吸收再创新后生产出第一代高速动车组。第一代动车组主要由 4 个公司制造，形成中国的动车组系列，命名为"和谐号"，英文代号 CRH（China Railway Highspeed），具体分为 CRH1、CRH2、CRH3、CRH5 四种车型。各种车型根据速度、编组、客车布置形式如下：

A——运营速度 200～250 km/h，8 辆编组，座车；

B——运营速度 200~250 km/h，16 辆编组，座车；
C——运营速度 300~350 km/h，8 辆编组，座车；
D——运营速度 300~350 km/h，16 辆编组，座车；
E——运营速度 200~250 km/h，16 辆编组，卧车；
F——运营速度 160 km/h，8 辆编组，城际动车组；
G——运营速度 200~250 km/h，8 辆编组、耐高寒座车；
H——运营速度 200~250 km/h，8 辆编组，耐风沙及高寒座车。

1．CRH1 型高速动车组

CRH1 型高速动车组由青岛四方庞巴迪铁路运输设备有限公司（简称四方庞巴迪公司）采用外方技术合资生产，包括 CRH1A、CRH1A-A、CRH1B、CRH1E、CRH1E-A 等车型。

（1）CRH1A：以 Regina 为原型设计，8 辆编组，5M3T，设计运营速度 200 km/h，最高试验速度 250 km/h。首批 40 列，编号 CRH1A-1001~1040，于 2004 年 10 月开始生产。2006 年 8 月 30 日，第一列 CRH1A 型动车组下线出厂。2007 年 4 月 18 日，CRH1A 动车组正式在广深铁路线上投入运营。

（2）CRH1B：在 CRH1A 型动车组的基础上扩编的座车动车组，采用 16 辆长编组，10M6T，设计运营速度 200 km/h，最高试验速度 250 km/h。首批 20 列，编号 CRH1B-1041~1060。CRH1B 型动车组在 2009 年 4 月起配属上海铁路局，运行上海—南京、上海南—杭州的城际线路。

（3）CRH1E：以庞巴迪新研发的 ZEFIRO 250 系列动车组为基础的卧铺动车组，采用 16 辆长编组，10M6T，设计运营速度 200 km/h，最高试验速度 250 km/h，是世界上第一种速度能达到 250 km/h 的高速卧铺动车组。首批 20 列，编号 CRH1E-1061~1080。首列 CRH1E 型动车组于 2009 年 10 月出厂，11 月 4 日开始上线运营，往返于北京—上海之间。

（4）CRH1A-A、CRH1E-A：又称新 CRH1，是基于 ZEFIRO 250 平台设计的新一代动车组。采用更为流线型的头形设计，同时车体材料由原来的不锈钢改为铝合金，改善了车体气密性，优化了转向架悬挂，提高了稳定性。2016 年 2 月 1 日，新一代 CRH1A-1169 动车组正式在广珠城际铁路载客运行。

2．CRH2 型高速动车组

CRH2 型高速动车组由中车青岛四方机车车辆股份有限公司（简称四方股份）生产，包括采用技术引进生产的 CRH2A 车型，吸收创新后生产的

CRH2B、CRH2E、CRH2C 等车型，和自主研发生产的 CRH2G、新 CRH2E 等车型。

（1）CRH2A：原型是日本川崎重工生产的 E2 系列新干线列车，8 辆编组，经过技术引进后生产。2004 年 10 月 20 日，首批 60 列，编号 CRH2A-2001～2060，运营速度 200 km/h。

（2）CRH2B：在 CRH2A 型动车组基础上扩编至 16 节，命名为 CRH2B，并加装了半主动减振器、车端耦合减振（车端阻尼器）、头车两侧车灯，改进了空调的通风系统。首批 10 列，编号 CRH2B-2111～2120，于 2008 年 6 月 29 日起全部配属上海铁路局。2017 年 6 月，两批共 17 列，编号 CRH2B-4096～4105，CRH2B-2466～2472，全部配属武汉铁路局。

（3）CRH2C：在 CRH2A 型动车组的 200 km/h 平台基础上进行修改，把动车数量增至 6 节（6M2T）。CRH2C 型动车组第一阶段共有 30 列，编号为 CRH2C-2061～2090，于 2008 年 8 月 1 日，投入京津城际铁路运营。CRH2C 型动车组第二阶段共生产 30 列，编号为 CRH2C-2091～2110，CRH2C-2141～2150。CRH2 型动车组第二阶段在第一阶段的基础上经过多次研制，改用了加大功率的 YQ-365 型交流牵引电动机（365 kW），列车持续运营速度提高至 350 km/h，最高运营速度 380 km/h，最高试验速度达 410 km/h。另外，在车体铝合金结构、隔音减振降噪技术、转向架二系悬挂、降低阻力等方面均有所改进。首列 CRH2C 第二阶段动车组（CRH2C-2191）于 2010 年 2 月在郑西高铁投入运营。在 30 列 CRH2C 第二阶段动车组之中，最后一列（CRH2C-2150）的性质较特殊，它作为 CRH380A 型动车组的试验实体样车，改为使用下一代的新头形。

（4）CRH2E：在 CRH2B 大编组座车的基础上实行自主创新，设计 16 节长大编组的 CRH2E 型卧铺动车组。第一批订单中 CRH2E 列车有 6 列，编号为 CRH2E-2121～2126，于 2008 年 12 月 21 日正式投入运营。

（5）CRH2A（统）：2013 年，四方股份对 CRH2 型动车组进行了修改，命名为 CRH2A（统），编号从 212 号开始。CRH2A（统）与以前生产的 CRH2 有很多不同之处：统型 CRH2A 取消一等座包厢；1 车为一等座车，一等座车车厢窗户使用二等座车车厢的窗户；每节车厢均设厕所；部分车厢设无障碍座位；取消首、尾两节车厢的驾驶员专用车门并改用玻璃，将驾驶室的门改设于首、尾两节车厢的通道口；驾驶员座位由原来靠左的位置改在中间位置，驾驶台布局与 CRH380A 型动车组相同。

（6）CRH2G：CRH2G 型动车组是在 CRH2A（统）型动车组成熟技术平台基础上，从风沙、高寒、高温、防紫外线辐射和高海拔 5 个方面进行适应性改进后设计生产的，能在 –40 ℃ ~ 40 ℃ 气候环境下正常运营，并且可以抗风沙。CRH2G 型动车组还解决了高海拔适应性和紫外线老化的技术难题，能在高达 3 600 m 的高海拔地区安全运营。其主要技术参数、维修维护内容等与 CRH2A（统）型动车组基本相同。2015 年 11 月 10 日，由四方股份生产的 CRH2G 型高寒动车组，先后在哈大高铁（250 km/h）和兰新二线（200 km/h）通过了线路考核。

3．CRH3 型高速动车组

CRH3 型高速动车组以引进西门子公司先进技术的方式，由中车唐山机车车辆有限公司（简称唐车公司）生产，包括 CRH3C 车型。

CRH3C：原型为德国铁路的 ICE-3 列车（西门子 Velaro），采用动力分散式设计，每列 8 节编组，4M4T。首列该型动车组于 2008 年 8 月 1 日在京津城际铁路通车运营，其商用运营速度达 350 km/h，是当时世界日常运营速度最快的轮轨高速铁路。截至 2013 年 7 月 16 日，共生产了 80 列 CRH3C 列车，编号为 3001 ~ 3080，分别配属北京铁路局集团有限公司（20 列，编号：3001 ~ 3016、3018 ~ 3021）及广州铁路局集团有限公司（60 列，编号：3017、3022 ~ 3080）。

4．CRH5 型高速动车组

CRH5 型高速动车组由中车长春轨道客车股份有限公司（简称长客股份）生产，包括采用技术引进生产的 CRH5A 车型和自主创新生产的 CRH3A、CRH5G、CRH5E 等车型。

（1）CRH5A：采用动力分散型，以法国阿尔斯通的 Pendolino 摆式列车为基础，但取消摆式功能，车体以芬兰铁路的 SM3 动车组为原型设计生产，8 辆编组，5M3T。首列该型动车组于 2007 年 4 月 18 日在京哈线运行，具有耐寒性。

（2）CRH5G：2014 年起，适合高寒地区运营的 CRH5 被正式命名为 CRH5G。从 2017 年生产的 CRH5G-5218 号列车起，采用全新的造型、内饰和空间设计。CRH5G 型技术提升动车组搭载了中国第一款具有完全自主知识产权的列车网络控制系统和列车牵引系统，整车 9 项关键技术及 10 项配套技术的自主化率、国产化率达到 90% 以上，是具有完全自主知识产权的耐高寒抗防风沙动车组。

（3）CRH5E：16 辆编组卧铺动车组，设计速度 250 km/h，具有耐寒抗风沙性能。

二、第二代高速动车组

为满足未来高速铁路客运专线的运营需求,2009 年原铁道部组织相关铁路局,面向国内动车组制造企业,公开招标 350 km/h 速度级的铁路动车组。各厂家纷纷自主研发了第二代动车组,编号以 CRH380 开头,其编号如下:

A——四方股份,8 辆编组,座车;
B——长客股份/唐车公司,8 辆编组,座车;
C——长客股份(与 B 采用不同的牵引及控制系统),8 辆编组,座车;
D——四方庞巴迪,8 辆编组,座车。
另外还有以下子型号:
G——耐高寒动车组;
H——耐风沙及高寒动车组;
L——16 辆编组。

1. CRH380A 型动车组

CRH380A 系列动车组由四方股份自主研发生产,为动力分散式、交流传动的电力动车组,采用了铝合金空心型材车体。最初问世时,它是世界上商业运营速度最快的动车组,持续运营速度可达 380 km/h,曾创下最高试验速度 486.1 km/h 的世界纪录。

首列 CRH380A 型动车组是 2009 年将 CRH2C-2150 作为 CRH380A 的试验实体样车,改用下一代的新头形而形成的。2010 年 9 月,原铁道部正式将 CRH380 型动车组命名为 CRH380A,长编组动车为 CRH380AL。

CRH380A 型动车组采用了新型低阻力流线头形,优化了转向架设计参数并改善车厢内部结构,能有效抑制列车在高速运行时的车体结构性共振,提高了乘坐舒适度,加强了车体气密性,并通过各种手段使列车在 350 km/h 高速时车厢内的噪声与 250 km/h 时相当。

2010 年 9 月,CRH380A-6001~6007 相继开始配属上海铁路局,进入沪杭客运专线进行高速试验,并于 2010 年国庆期间首次载客运营,此后正式在沪杭客运专线、武广客运专线投入服务。目前 CRH380A 已生产 240 多列,在京广高铁、京沪高铁、海南东环铁路、沪昆高铁、郑西高铁、西成高铁等众多客运专线上都有运营。

2013 年以后,在 CRH380A 型动车组的基础上进行了优化,制造出 CRH380A(统)型动车组。

2．CRH380B 型动车组

（1）CRH380B 和 CRH380BL：CRH380B 型动车组是唐车公司和长客股份在 CRH3C 型动车组基础上自主研发的新一代高速动车组。其 16 辆长编组车型为 CRH380BL。与 CRH3C 型动车组相比，持续运营速度由 300 km/h 提高至 350 km/h，最高运营速度由 350 km/h 提高到 380 km/h，最高试验速度为 400 km/h 以上。该型动车组采用海豚型车头，能够有效减小高速运行时的空气阻力（约 10%）。性能优化以提高牵引功率、降低传动比以及动车组气动外形减阻为主，而列车舒适度优化主要采取提高列车减振性能、车厢降噪、加强车内气压控制等方式。

根据采购计划原北车集团供应 180 列 CRH380B 型动车组，其中长客股份生产的 40 列短编组座车、45 列长编组座车，唐车公司生产 70 列长编组座车（CRH380BL），另外 25 列由长客股份生产，并调整为 CRH380CL 型动车组。2014 年 7 月 1 日起，所有 CRH380 动车组编号均进行了更改，唐车公司的 CRH380B 型动车组，编号为 CRH380BL-3501～3570、CRH380B-3571～3600，长客股份生产的 CRH380B 型动车组，编号为 CRH380BL-5501～5545、CRH380BG-5546～5600、CRH380BG-5626～5636、CRH380B-5637～5681、CRH380BG-5682、CRH380BG-5683。

（2）非统型 CRH380BG：该型动车组是在 CRH380BL 型动车组基础上研制出的高寒型动车组。列车总数为 40 列，编号为 CRH380BG-5546～5585，采用 4 动 4 拖的编组方式，牵引功率为 9 200 kW。

（3）统型 CRH380BG：该型动车组是根据中国铁路总公司的要求，根据运营经验和乘客乘坐需求，在各型动车组技术平台上，对列车的车型、定员、旅客服务设施、司机操作设施、列车的主要性能进行统一而设计出来的动车组。该型车同样为高寒型动车组，主要供津秦客运专线使用。列车总数为 97 列，编号为 CRH380BG-5586～5600、CRH380BG-5626～5636、CRH380BG-5684～5729、CRH380BG-5762～5786。

3．CRH380CL 型动车组

CRH380CL 型动车组由长客股份在 CRH3C 和 CRH380BL 型动车组基础上自主研发的 CRH 系列高速动车组，持续运营速度由 300 km/h 提高至 350 km/h，最高运营速度由 350 km/h 提高到 380 km/h，最高试验速度为 400 km/h 以上，是国内首款 16 辆大编组高寒动车组。截至 2013 年 3 月，CRH380CL 型动车组已配属 25 列，编号为 CRH380C-6301L～6325L，其中北京铁路局集团有限公司 8 组，上海铁路局集团有限公司 9 组，济南铁路局集团有限公司 8 组。

4．CRH380D 型动车组

CRH380D 型动车组是由四方庞巴迪以庞巴迪 ZEFIRO 380 超高速动车组为技术平台研发的高速动车组。设计标称运营速度为 380 km/h，最高设计速度为 400 km/h，最高试验速度为 420 km/h，8 辆编组，4M4T。CRH380DL 型动车组是在 CRH380D 型动车组的基础上采用 16 辆编组的长编组高速动车组。2015 年 3 月 21 日，CRH380D 型动车组开始批量交付上海铁路局集团有限公司。目前 CRH380D 型动车组一共有 85 列，编号为 CRH380D-1501～1585。其中前 10 列车（1501～1510）保持原有设计，后续车辆 1511～1570 采用了原铁道部规定的"统型车"设计，主要对车厢内布置做出了调整，增加了 VIP 座椅。

三、第三代高速动车组

为解决不同系列车型无法重联运行、无法相互救援、驾驶室不一致等问题，2013 年 6 月，由中国铁路总公司主导，组织 20 余家单位构成核心研发团队，启动研制全面采用自主化设计，具备完全自主知识产权的标准动车组项目。历经 3 年，至 2015 年 6 月 30 日，速度 350 km/h 的中国标准动车组正式下线。2016 年 8 月 15 日，中国标准动车组首次实现载客运行。2017 年 6 月 25 日，中国标准动车组被正式命名为"复兴号"，并于 6 月 26 日在京沪高铁正式双向首发。

中国标准动车组"复兴号"，英文代号 CR（China Railway），计划分为 CR200、CR300、CR400 三个级别，对应三种速度等级。

1．CR400 型动车组

CR400 型动车组对应速度 300～400 km/h 等级及以上，持续运营速度 350 km/h，适用于高速铁路。

目前有三个版本，首批命名为"复兴号"的中国标准动车组为四方股份生产的 CR400AF 型动车组——"蓝海豚号"和长客股份生产的 CR400BF 型动车组——"金凤凰号"两种，均为动力分散型高速动车组，8 辆编组，4M4T。随后，有了 16 辆长编组的 CR400AF-A 型动车组和 CR400BF-A 型动车组。2018 年 7 月 1 日，加长版复兴号在京沪线下线，型号为 CR400AF-B 和 CR400BF-B，相比长编组 CR400AF-A 型动车组和 CR400BF-A 型动车组增加一辆拖车，为17辆编组。

中国标准动车组"复兴号"相较于"和谐号"，大量采用中国国家标准、行业标准、中国国家铁路集团有限公司企业标准等技术标准，在高速铁路254项重要标准中，中国标准占84%，并具有良好的兼容性能，其实现了以下功能：

（1）车辆统一互联互通。统一车钩机械连接，实现物理互联；统一电气接口，实现逻辑互联。

（2）互操作功能规范。统一司机操作界面及动车组的工作模式，实现互操作；实现不同厂家生产的相同速度等级动车组能够重联运行，不同速度等级的动车组能够相互救援。

（3）使运营组织更加灵活，提升动车组的利用效率，降低运用成本。

（4）列车内11个系统，96项关键部件可互相通用，涵盖牵引、高压、转向架、空调、网络、旅客信息系统等。

2．CR200型动车组

CR200对应速度100～200 km/h等级，适用于城际铁路。

CR200J型动力集中动车组，由中国铁路总公司（现中国国家铁路集团有限公司）和中国中车牵头，中车唐山、浦镇、大连、青岛四方、株洲、大同等6家公司联合研制的动车组，CR200J包括短编组和长编组（见表1.1）。

CR200J短编组为单端推拉式的电力动车组，最大编组为1Mc+7T+1Tc，也即由1辆复兴1型动力集中式动车组动力车（FXD1-J）或复兴3型动力集中式动车组动力车（FXD3-J）、7辆不带驾驶室的25T型客车和1辆带驾驶室的KZ25T型客车组成。截至2019年1月31日，短编组CR200J型动力集中动车组已投入运营10列（1001～1005、2001～2005），担当中川城际、昆明至蒙自城际等中短途城际客运任务。典型短编组定员755人。编组为：1辆动力车+3辆普通座车（3×103人，普通座车）+1辆普通座车（带餐吧）（81人，普通座车）+3辆普通座车（3×103人，普通座车）+1辆控制车（56人，一等座车）。

CR200J长编组动力集中电力动车组为双端牵引的电力动车组，编组为1Mc+16T+1Mc。典型长编组定员1 043人。编组为1辆动力车+8辆普通卧车（8×66人）+4辆包间卧车（4×40人）+1辆餐座合造车（46人）+3辆普通座车（3×103人）+1辆动力车。

表 1.1　CR200J 型动车组参数

项　目	HXD1G	HXD3G	KZ25TA	KZ25TB
最高运行速度/(km/h)	160	160	160	160
轴式	B_0-B_0	B_0-B_0	B-B	B-B
车体长度/mm	200 000	200 000	27 955/25 500	27 955/25 500
车辆宽度/mm	3 105	3 105	3 105	3 105
车辆高度/mm	4 030	4 030	4 433	4 433
固定轴距/mm	2 800/2 900	2 800/2 900	2 500/2 600	2 500/2 600
车辆定距/mm	9 000	10 055	18 000	18 000
轮径/mm	1 250/1 150	1 250/1 150	915/845	915/845
牵引功率/kW	5 600	5 600	—	—
总质量/t	78	78	66	66
轴重/kN	195	195	165	165
紧急制动距离/m	1 400			
设计寿命/年	30	30	30	30
设计许可	株机厂	大连厂	唐车公司	浦镇厂
制造许可	株机厂、大同厂	大连厂	唐车公司、四方厂	浦镇厂

3．CR300 型动车组

CR300 型动车组对应速度 200～300 km/h 等级，最高速度 300 km/h，持续运营速度 250 km/h，适用于快速铁路。CR300 型动车组分为 CR300A 和 CR300B 两款，目前正在试验中。

第四节　中国高速动车组列车供应商

1．青岛四方庞巴迪铁路运输设备有限公司

青岛四方庞巴迪铁路运输设备有限公司（BST）成立于 1998 年，是由中国四方机车车辆有限责任公司与加拿大庞巴迪公司共同出资组建的中外合资企业。它是目前国内唯一的铁路客车及电动车组中外合资制造商。公司主要设计、生产高档客车、普通客车车体、电动车组、豪华双层客车、高速客车和城市轨道车辆等。

在高速动车组领域,公司主要生产 CRH1 系列以及 CRH380D 型高速动车组。

2．中车青岛四方机车车辆股份有限公司

中车青岛四方机车车辆股份有限公司(四方股份)始建于 1900 年,是中国中车股份有限公司的核心企业,中国高速列车产业化基地,国内地铁、轻轨车辆制造厂家和国家轨道交通装备产品重要出口基地。在高速动车组、城际及市域动车组的研发制造上处于行业内领先地位,可以生产不同速度等级、适应不同运营需求的高速动车组和城际动车组系列化产品。中国首列速度 200 km/h 高速动车组、首列速度 300 km/h 高速动车组、首列速度 380 km/h 高速动车组、首列"复兴号"动车组和首列城际动车组均诞生于此。

在高速动车组领域,公司的主要产品为 CRH2 系列、CRH380A 型和 CR400AF 型动车组等。

3．中车唐山机车车辆有限公司

中车唐山机车车辆有限公司(唐车公司)始建于 1881 年,是中国第一家轨道装备制造企业。公司构建了以铝合金、碳钢材质为主导的 2 条车体生产线,形成了由高速动车组、城轨车、中低速普通客车、特种车 4 个系列构成的产品体系。公司制造技术平台设备通用化、工装柔性化、模具专业化,工艺先进完备,铝合金车体、组装生产线、调试试验线的技术和规模都达到了世界一流水平,具备年产 400 辆高速动车组、200 辆城轨车及 500 辆碳钢客车的能力。公司的特种车在国内市场的占有率达 90% 以上。

在高速动车组领域,公司主要产品为 CRH3 型和 CRH380BL 型电动车组。2017 年 2 月 28 日,国家铁路局授予唐车公司 CR400BF 制造许可。

4．中车长春轨道客车股份有限公司

中车长春轨道客车股份有限公司(简称"长客股份")前身是长春客车厂,始建于 1954 年,是国家"一五"期间重点建设项目之一,是中国知名的轨道客车研发、制造、检修及出口基地。公司的产品包括动车组、城市轨道车辆、普通铁路客车三个类别。

在动车组领域,公司具有 200～250 km/h 和 300～350 km/h 两个高速动车组产品平台,相继开发了 CRH5A 型动车组、速度 250 km/h 综合检测车、CRH380BL 型高速动车组、CRH380CL 型高速动车组、CRH380BG 型高寒动车组、CRH3A 型城际动车组、CR400BF 型中国标准动车组等车型,是中车集团唯一能生产速度 350 km/h 高寒动车组的主机厂。

第五节　我国高速动车组主要技术参数

高速动车组主要技术参数是工艺设计部分数据的基础资料，包括编组方式、设计速度、几何尺寸、总重和轴重等许多参数。其中动车组几何尺寸是线路长度、间距以及库房的长度、宽度、高度设计的重要依据。而动车组轴重、质量是轨道桥等设施核算的重要依据。

按照生产厂商，我国现有高速动车组的主要技术参数如下：

1．BST

（1）BST 生产的动车组主要技术参数见表 1.2，外形如图 1.1～图 1.4 所示。

表 1.2　BST 动车组主要技术参数

项　　目	CRH1A-A	CRH1B	CRH1E-A	CRH380D
编　　组	5M3T	10M6T	10M6T	4M4T
是否适应高寒	否	否	否	否
设计最高速度 /（km/h）	250	250	250	400
运营最高速度 /（km/h）	205	220	250	380
客车布置	座车	座车	卧铺	座车
编组定员	613	1 299	618	556
头车长度/mm	26 950	26 950	26 950	27 850
中间车长度/mm	26 600	26 600	26 600	26 600
总长/mm	213 500	426 300	428 900	215 300
车辆宽度/mm	3 328	3 328	3 328	3 368
车辆高度/mm	4 040	4 040	4 040	4 160
客车地板高度/mm	1 250	1 250	1 250	1 250
固定轴距/mm	2 700	2 700	2 700	2 700
全轴距/mm	19 000	19 000	19 000	18 800
轮径/mm	915/835	915/835	915/835	920/850
牵引功率/kW	5 300	11 000	11 000	10 000
总质量/t	420.4	950	944	471
轴重/t	16	16	16	17
车体材质	铝合金	不锈钢	铝合金	铝合金
紧急制动距离/m	2 000	3 200	3 200	8500
设计寿命/年	25	25	25	25

注：轮径 A/B，A 表示新轮直径，B 表示磨耗到限直径。

图 1.1　CRH1A-A 型动车组

图 1.2　CRH1A（右）、CRH1B 型动车组（左）

图 1.3　CRH1E-A 型动车组

图 1.4　CRH380D 型动车组

（2）CRH1A-A 型动车组编组形式为车端带司机室的动车（Mc1、Mc2），带受电弓的中间拖车（Tp1、Tp2），不带受电弓的中间拖车（带吧台拖车，Tb），中间动车（M1、M2、M3），如图 1.5 所示。

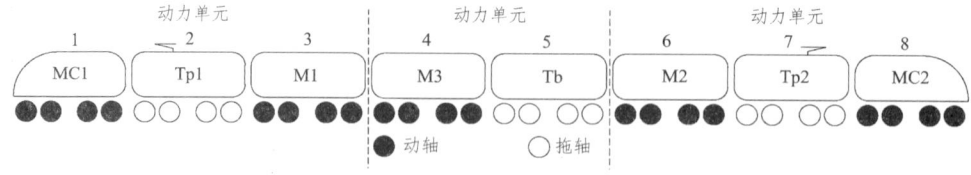

图 1.5　CRH1A-A 型动车组编组形式

2．四方股份

（1）四方股份生产的动车组主要技术参数见表 1.3，外形如图 1.6～图 1.11 所示。

第一章 国内外高速动车组简介

表1.3 四方股份动车组主要技术参数

项目	CRH2A（统）	CRH2B	CRH2C	CRH2G	CRH380A	CRH380AL	CR400AF
编组	4M4T	8M8T	6M2T	4M4T	6M2T	14M2T	4M4T
是否适应高寒	否	否	否	高寒	否	否	否
设计最高速度/(km/h)	300	300	370	275	400	400	385
运营最高速度/(km/h)	250	250	350	250	380	380	350
客车布置	座车	座车	座车	座车	座车	座车	座车
编组定员	610	1 230	610	613	494	1 027	556
头车长度/mm	25 700	25 700	25 700	25 700	26 500	26 500	27 525
中间车长度/mm	25 000	25 000	25 000	25 000	25 000	25 000	25 650
总长/mm	201 400	401 400	201 400	201 400	203 000	403 000	208 950
车辆宽度/mm	3 380	3 380	3 380	3 300	3 380	3 380	3 360
车辆高度/mm	3 700	3 700	3 700	3 860	3 700	3 700	4 050
固定轴距/mm	2 500	2 500	2 500	2 500	2 500	2 500	2 500
全轴距/mm	17 500	17 500	17 500	17 500	17 500	17 500	17 800
轮径/mm	860/790	860/790	860/790	860/790	860/790	860/790	920/850
牵引功率/kW	4 800	9 600	8 760	4 800	9 120	20 482	9 600
总质量/t	345	716	388.4	395.7	396.4	792.8	381.5
轴重/t	14	14	14	16	15	15	17
车体材质	铝合金	铝合金	铝合金	铝合金	铝合金	铝合金	铝合金
紧急制动距离/m	1 800	1 800	3 700	3 200	8 500	8 500	6 500
设计寿命/年	20	20	20	20	20	20	30

图1.6 CRH2A型动车组

图1.7 CRH2B型动车组

图 1.8　CRH2C 型动车组

图 1.9　CRH2G 型动车组

图 1.10　CRH380A 型动车组

图 1.11　CR400AF 型动车组

（2）CRH2A-2A 型和 CRH2C 型动车组数编组形式如图 1.12 和图 1.13 所示。

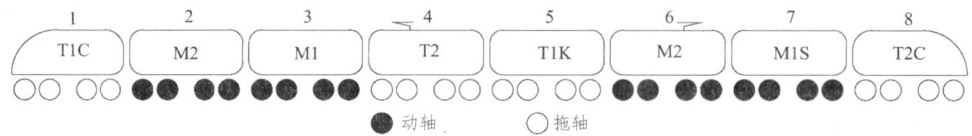

图 1.12　CRH2A-A 型动车组编组形式

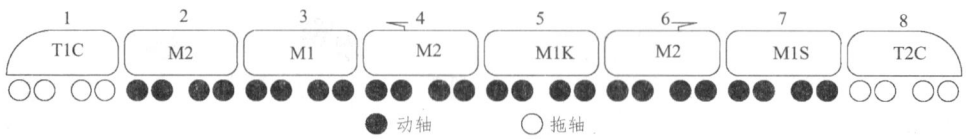

图 1.13　CRH2C 型动车组编组形式

（3）CRH6 型动车组的主要技术参数见表 1.4，其外形如图 1.14 和图 1.15 所示。

表 1.4 主要技术参数

项 目	CRH6A	CRH6A-A	CRH6F	CRH6F-A
编 组	4M4T	2M2T	4M4T	2M2T
是否适应高寒	否	否	否	否
设计最高速度/(km/h)	220	220	176	176
运营最高速度/(km/h)	200	200	160	160
客车布置	座车+站席	座车+站席	座车+站席	座车+站席
编组定员/人	549	252	510	244
超员/人	1 488	688	1 950	875
头车长度/mm	25 450	25 450	25 450	25 450
中间车长度/mm	24 500	24 500	24 500	24 500
总长/mm	201 400	101 400	201 400	101 400
车辆宽度/mm	3 300	3 300	3 300	3 300
车辆高度/mm	3 860	3 860	3 860	3 860
固定轴距/mm	2 500	2 500	2 500	2 500
全轴距/mm	17 500	17 500	17 500	17 500
轮径/mm	860	860	860	860
牵引功率/kW	5 520	2 760	5152	2 576
总质量/t	389.91	196.9	372.7	190.5
轴重/t	17	17	17	17
车体材质	铝合金	铝合金	铝合金	铝合金
紧急制动距离/m	1 400	1 400	850	850

图 1.14 CRH6A 型动车组

图 1.15 CRH6F 型动车组

3．唐车公司

（1）唐车公司生产的动车组主要技术参数见表 1.5，外形如图 1.16 和图 1.17 所示。

表 1.5 唐车公司动车组主要技术参数

项　目	CRH3C	CRH380B（统）	CRH380BL
编　组	4M4T	4M4T	8M8T
是否适应高寒	否	是	是
设计最高速度/（km/h）	350	400	400
运营最高速度/（km/h）	350	380	380
客车布置	座车	座车	座车
编组定员	556	490	1 004
头车长度/mm	25 860	25 850	25 850
中间车长度/mm	24 852	24 825	24 825
总长/mm	200 670	200 650	399 300
车辆宽度/mm	3 265	3 257	3 257
车辆高度/mm	3 890	3 890	3 890
固定轴距/mm	2 500	2 500	2 500
全轴距/mm	17 375	17 375	17 375
轮径/mm	920/860	920/860 拖（830 动）	920/860 拖（830 动）
牵引功率/kW	8 800	9 200	18 752
总质量/t	536	444.2	974
轴重/t	17	17	17
车体材质	铝合金	铝合金	铝合金
紧急制动距离/m	2 700	8 500	8 500
设计寿命/年	20	20	20

注：CRH380B 型动车组为唐车公司与长客股份联合设计生产。

图 1.16 CRH3C 型动车组编组形式

图 1.17 CRH380B 型动车组编组形式

(2) CRH3C 型动车组的编组形式如图 1.18 所示。

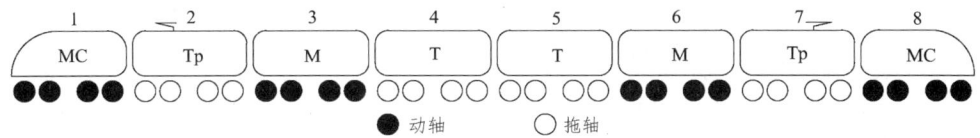

图 1.18　CRH3C 型动车组编组形式

(3) 货运动车组。

2014 年根据原铁路总公司规划，唐车公司等开展了货运动车组的研发，以标准动车组为产品技术平台，主要功能部件保持不变，按照集装箱的尺寸，设计动车组车体尺寸，其结构如图 1.9 所示。货运动车组载重可以达到 120 t，设计速度达到 350 km/h。

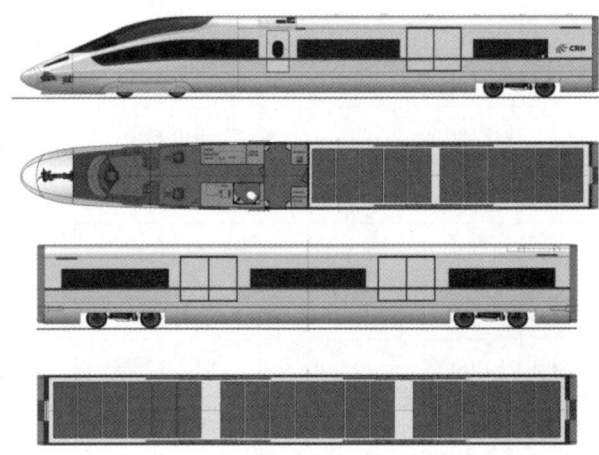

图 1.19　货运动车组

但由于我国高速铁路前期设计均未考虑货运动车组，未配置动货装卸场所、装卸机具等设备，因此暂未批量投产运用。

4．长客股份

(1) 长客股份生产的动车组主要技术参数见表 1.6，外形如图 1.20～图 1.23 所示。

表 1.6 长客股份动车组主要技术参数

项目	CRH3A	CRH5G	CRH5E	CRH380CL	CRH380BG	CR400BF
编组	4M4T	5M3T	10M6T	8M8T	8M8T	4M4T
是否适应高寒	否	是	高寒、抗风沙	否	是	否
设计最高速度/(km/h)	250	275	275	400	385	385
运营最高速度/(km/h)	250	250	250	380	350	350
客车布置	座车	座车	卧铺	座车	座车	座车
编组定员/人	616	613	532（卧铺）、908（座席）	1 053	551+1	576
头车长度/mm	27 600	27 600	26 991	26 525	25 697.5	27 525
中间车长度/mm	25 000	25 000	25 000	24 825	24 175	25 650
总长/mm	209.75	211 500	418.3	400 600	200.7	208 950
车辆宽度/mm	3 300	3 200	3 300	3 257	3 257	3 360
车辆高度/mm	3 900	4 270	3 900	3 890	3 730	4 050
固定轴距/mm	2 500	2 700	2 700	2 500	2 500	2 500
全轴距/mm	17 800	19 000	19 000	17 375	17 375	17 800
轮径/mm	920	890/810	890	920/830（860）	920	920/850
牵引功率/kW	5 120	5 500	11 000	19 200	9 200	9 600
总质量/t	438.9	419.7	927.3	977.8	441.5	455.3
轴重/t	17	17	17	17	17	17
车体材质	铝合金	铝合金	铝合金	铝合金	铝合金	铝合金
紧急制动距离/m	3 200	3 200	3 200	8 500	6 500	6 500
设计寿命/年	20	30	20	20	20	30

注：CRH3A 型动车组为唐车公司与长客股份联合设计生产。

图 1.20　CRH5G 型动车组

图 1.21　CRH380CL 型动车组

图 1.22　CRH3A 型动车组

图 1.23　CRH380B 型动车组（右）

（2）CRH5G 型动车组的编组形式如图 1.24 所示。

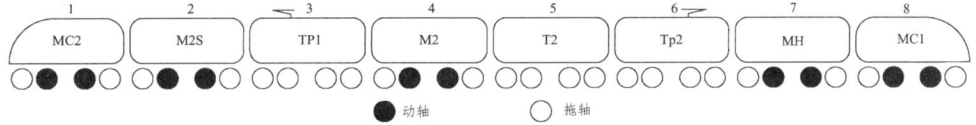

图 1.24　CRH5G 型动车组编组形式

第六节　动车组主要技术

高速动车组技术包括 9 项关键技术和 10 项主要配套技术。9 项关键技术包括系统集成、车体、转向架、牵引变压器、主变流器、牵引电机、牵引传动控制、列车网络控制、制动系统等。10 项主要配套技术包括受电弓、车内电器、空调系统、车钩、出入门系统、真空集便系统和厕所模块、内装、车窗、座椅、风挡等。本节主要介绍关键技术。由于牵引变压器、主变流器、牵引电机属于牵引传动系统的主要部分，因此将其归入牵引传动系统中一并叙述。

一、系统集成

高速列车系统集成技术包括总体技术条件、系统匹配、设备布置、参数优化、工艺性能、组装调试和试验验证。在总体设计技术条件下，对动车组车体、转向架、牵引传动系统、制动系统、列车控制网络系统、辅助供电系统和车端连接装置等元素按有关参数进行合理选择设计和优化，确定各子系统间的接口关系。最后经历生产、组装、测试、调整和试验等过程，完成动车组整体集成。系统集成使动车组达到牵引、制动、车辆动力学、列车空气动力学、舒适性和安全性等基本性能要求。

二、牵引传动系统

动车组运行阻力包括机械阻力和空气阻力两部分，在高速运行时的基本阻力主要是空气阻力。动车组所需功率与速度的三次方成正比，随着速度的提高，动车组对牵引功率的需求急剧增加。当动车组运行速度在 300 km/h 以上时，空气阻力占到总阻力的 90% 以上，所需功率是 100 km/h 级动车组的 15 倍以上。因此，高速动车组的牵引传动系统必须具备功率大、重量小、体积小、可靠性高并兼具成本低的特点。

1．牵引变压器

牵引变压器是牵引传动系统中质量、体积最大且能量耗损最多的部件，尤其在动力分散型高速列车中，由于要求起动加速功率和再生制动功率大，而安装空间又有限，所以减小质量、减小体积、降低损耗，一直是牵引变压器技术发展的目标。近年来，随着电子技术的发展和高温超导线材性能的提高，出现了两种新型变压器，即电子变压器和高温超导变压器，它们与传统的工频变压器完全不同，具有质量小、体积小、效率高的特点。

2．主变流器

高速动车组的主变流器结构性能和所采用的变流器件一直是变流器技术的重点。

变流器件已经从最早的晶闸管发展到 GTO、IGBT、IPM 以至 IGCT。而动车组由于需要的功率更大，安装空间又受限，因此变流器件更是向着模块化、系列化和小型化方向发展，进而出现了将主变流器与辅助变流器和列车供电变流器统筹考虑、集成设计制造的新趋势。主变流器的冷却是另一项关键技术，它要求冷却装置冷却效率高、体积小、易于维修、不污染环境。目前主变流器的冷却方式主要有风冷、油冷、水浴、沸腾冷却和热管冷却。

随着变流器件的发展，变流器结构性能也随之发展。其设计重点已转向牵引性能、谐波含量、电磁干扰、控制特性及运用成本等。软开关电路是进一步降低开关损耗，减少开关过程中的电磁干扰和对环境电磁污染的重要途径。

3．牵引电机

早期的高速列车均采用直流传动，但是随着变流技术的发展，交流电机控制的难题得到解决，交流电机的优势越发凸显，使交流电机逐渐成为牵引电机的主流。现在各国的高速动车组多采用异步电动机牵引。与直流电机相比，交流电机具有质量小、功率大、结构简单、运用可靠、寿命长、维修简便的特点，同时交流异步牵引电动机还具有较好的自我抑制空转的性能。随着人们对牵引系统的要求越来越高，永磁同步牵引电机成为研究的热点。永磁同步电机由于可实现很高的转矩密度，从而有可能实现无传动齿轮的直接驱动，与带齿轮装置的异步牵引电机相比，具有损耗低、质量小、噪声小、无油泄漏等优点，很有发展前途。

4．牵引传动控制

牵引传动控制的水平取决于牵引传动控制的策略和手段。牵引传动控制策略由最初的转差特性控制发展到矢量变换控制，近年又实现了直接转矩控制（DTC）和直接自控制（DSC）。新的控制技术具有控制简单、性能优良和鲁棒性较强的特点。近代牵引传动控制手段普遍采用计算机控制系统，并从单机个别控制向车载计算机网络控制发展。

三、转向架技术

转向架在牵引动车组沿着轨道行驶的同时，承受和传递来自车体及线路的各种载荷，缓和其动力作用，是保证动车组运行稳定性、安全性和曲线通过能力的关键部件。随着列车速度的提高，列车所需的牵引功率急剧增长，轮轨动作用力也随之加大，轮轨黏着快速降低，制动功率需要增加，从而对高速列车转向架提出了更高的要求。

（1）为了满足列车高速运行的需要，高速列车转向架必须保证具有足够的强度和刚度，高的运动稳定性和运行平稳性，良好的曲线通过能力，减轻轮轨之间的作用力，最大限度地发挥轮轨间的黏着潜力，结构简单、可靠、少维修。

（2）轻量化技术、悬挂技术、驱动技术。转向架质量占车辆自重的20%～30%，轻量化转向架降低了转动惯量，提高了侧摆稳定性，因此动车组转向架轻量化具有重要意义。各国动车组的转向架轻量化技术主要包括采用无摇枕结构，构架采用H形钢板焊接结构，取消端梁，采用空心车轴，车轮小型化，采用铝合金齿轮箱和轴箱，采用交流牵引电机，制动盘轻量化，二系悬挂中采用了空气弹簧等技术。

（3）抗蛇行。

为了减轻车轮的弧形踏面结构带来的蛇行运动问题，目前主要采用：减少车轮踏面斜度，增加转向架轴距，增加轴向的支撑刚性，增大轮径，优化悬挂参数，扩大轨距，提高轨道的平顺性等方法。

四、制动系统

动车组的制动系统是实现列车高速、安全运行的保障。列车高速运行时具有相当大的运动能量，而动车组的制动技术必须解决列车动能的快速转换和能量消耗问题，并在轮轨黏着允许的条件下，做到高速列车的可靠制停或降速。另外，由于轮轨黏着系数随运行速度的提高而下降，因此更增加了高速制动技术的难度。目前，动车组制动的关键技术有基础制动技术、动力制动技术、复合制动控制技术、非黏着制动技术（非黏着制动主要是指电磁轨道制动和涡流轨道制动）、防滑控制技术。

动车组制动控制主要采用动力制动和空气制动的复合制动控制技术，有的还增加了涡流制动和磁轨制动。常用制动时，优先使用动力制动（以及涡流制动），动力制动不能满足制动需求时，空气制动自动补偿。

动车组的制动距离，初速度 200 km/h 时，紧急制动距离限制为 2 000 m；初速度 250 km/h 时，紧急制动距离限制为 3 200 m；初速度 300 km/h 时，紧急制动距离限制为 3 800 m；初速度 350 km/h 时，紧急制动距离限制为 6 500 m。

五、车体技术

高速动车组车辆车体结构不仅要确保强度、耐久性及空气动力性能，还要满足有关轻量化等要求的多项严酷条件，因此涉及的技术很多。其中主要的技术包括车体轻量化、空气动力学外形、气密性等。

1. 车体轻量化

动车组列车对牵引功率的需求是根据列车的总质量、最高运行速度和在该速度下的列车单位阻力来确定的。随着列车运行速度的提升，列车的阻力大幅增加，为减少列车的牵引功率需求，则需尽量减小列车的总质量。因此，动车组车体轻量化技术一直是动车组技术的研究重点。轻量化的车体可以节能、减少对轨道的损坏，并减轻因振动引起的噪声。

车体轻量化技术包括采用新材料、新工艺，改变车体结构，优化结构设计。在车体材料方面，从最初的钢材料，到现在普遍采用的铝合金材料。车内设备的材料也开始选用轻合金或高分子工程材料和复合材料，使设备质量大大减小。在车体结构方面，合理优化结构设计，比如采用大型中空挤压铝型材焊接结构、航空骨架式铝合金车体结构、大型中空挤压铝型材与开口型材的混合结构等。

2. 空气动力学外形

随着列车运行速度的提高，周围空气的动力作用一方面对列车和列车运行性能产生影响，另一方面列车高速运行引起的气动现象对周围环境也产生影响。比如动车组运行中列车的表面压力，动车组会车时的表面压力，动车组通过隧道时的表面压力，动车组运行时产生的列车风，以及气动噪声等。为解决列车的空气动力学问题，高速动车组车头采用仿生学流线型设计，比如基于鹰、叶海龙、戴氏鹛、胖虫等，CRH2C 型动车组车头长度为 9.4 m，CRH380A 型动车组达到 12 m。而且车头长细比超过 3。流线化设计的车头和车体能有效减少运行时的空气阻力，降低噪声，减小压力波，改善尾部涡流，减少列车交会时的压力波动值，使动车组运行更稳定，但制造难度及制造成本相应增加。

3. 气密性

动车组在隧道通过和交会时，均会在车体表面产生较大的压力波动，由此引起车内的压力变化，对车内旅客的乘坐舒适性有较大的影响，因此气密性是动车组的重要性能指标之一。需要综合考虑旅客舒适度、制造成本、工艺水平的关系，制定一个合理的标准。日本要求压力从 4 kPa 降至 1 kPa 不得小于 50 s，德国、意大利等国要求压力从 3.6 kPa 降至 1.35 kPa 不得小于 18 s。我国 CRH1 型动车组气密性要求压降率为 2 kPa/s，CRH2 和 CRH3 型动车组要求压力从 4 kPa 降至 1 kPa 不得小于 50 s，CRH5 型动车组要求压力从 4 kPa 降至 1 kPa 不得小于 40 s。根据气密性标准对车辆连接、零部件等影响气密性的因素进行优化设计。

六、列车网络控制系统

动车组的控制、高速运行时的安全性至关重要，任何故障都可能带来严重的后果。因此，必须有一个系统来承担动车组牵引及制动控制等指令的传输，同时监测列车主要设备的状态，发现和预防故障的发生。这个系统就是列车网络控制系统，它也是动车组技术中的关键组成部分。

动车组网络控制系统由通过网络连接的基于微处理器的分布式智能设备组成，实现通信、控制、故障诊断、人机交互等功能，大致可分为运行监控、故障检测与诊断以及通信网络三部分。其中动车组的列车通信网络采用分布式通信网络控制技术，集中监控牵引、制动和辅助系统等车载设备，借助列车通信网络，自动监测车载设备状态和数据，与地面进行实时通信，实现列车安全运用和高效检修。

我国动车组采用的网络总线主要有 TCN 和 ARCNET 两种结构。CRH1、CRH3、CRH5、CRH380、CR400AF 型动车组均采用基于 TCN 标准构建的网络控制系统。CRH2 型动车组采用基于 ARCNET 的网络控制系统。

第七节 小 结

根据各国高速动车组的发展情况和运用经验，目前高速动车组具有以下几个方面的发展趋势：

（1）采用交流传动，速度不断提高。表现在以提高试验速度为基础，不断提高运营速度。以 400 km/h 及以上速度为目标，配套的曲线通过速度、加减速性能等也需提升。

（2）电力牵引传动系统向功率大、体积小、质量小、高可靠性和低成本方向发展。表现在变流器采用新型大功率半导体开关元件，并模块化。牵引电机的控制技术进一步发展，使列车获得优良的调速与黏着性能。牵引变压器、变流器、牵引电机等不断提高效率，降低质量。另外，永磁同步牵引系统以其高效节能的特点成为下一代轨道交通牵引系统的发展方向。目前在高速动车组领域，只有法国、德国、日本、加拿大掌握了永磁同步牵引系统技术并成功商业应用。近年来，株洲所已研发出可用于速度 500 km/h 的高铁动车的 690 kW 永磁牵引系统，2019 年 1 月 7 日，四方股份提供的永磁动车组 CRH380AN 型（最高运行速度 300 km/h）获得设计许可和制造许可，标志着我国成为世界上少数几个掌握高铁永磁牵引系统技术的国家之一。

（3）动力分散型动车成为高速铁路发展主流。随着列车运营速度的提高，受轮轨黏着的限制，仅从提高黏着控制技术的角度已不能完全满足需求，只能增加动力轮对的数量。因此，高速铁路动车的牵引形式自然向动力分散的方向发展，动力分散型也有效地降低了轴重，能更好地适应高速运行需求。

（4）动力集中型动车组在城际铁路和既有普速铁路中发挥重要的作用。动力集中型动车组的优点体现在① 可利用既有普速线路、车辆检修设施，兼容性强，推广成本低，运行品质高，客服设施优良，价格低廉，丰富了铁路产品；② 结构简单，速度等级低，运营及安全成本低，故障率低，是既有普速列车的极佳替代品；③ 适用城际、短途、山区等运营要求，载客量大，启停快，节能环保，价格优势强，是地方铁路、合资低等级铁路的首选。

（5）车体结构和动力设备不断轻量化。采用新材料、新工艺，同时优化车体结构，在保证强度的前提下大幅度减小车体质量。轻量化的车体可以节能、降低线路维修成本、提高载客量，以及改善振动噪声引起的环境问题。

（6）优化的空气动力学外形。动车组头形和车体采用流线型，有效减少了列车运行阻力和各种空气动力学问题。车内环境和设备不断改善，提高了旅客乘坐的舒适度和服务质量。动车组制造技术更加先进、可靠，维修成本进一步下降。

第二章　国内动车运用所概况

第一节　高速铁路网规划

根据我国高速铁路网规划，到2020年，高速铁路营业里程达到3万千米，覆盖80%以上的大城市。到2025年，高速铁路营业里程达到3.8万千米左右，网络覆盖进一步扩大，路网结构更加优化，骨干作用更加显著，更好发挥铁路对经济、社会发展的保障作用。到2030年，基本实现内外互联互通、区际多路畅通、省会高铁连通、地市快速通达、县域基本覆盖，高速铁路运营里程达4.5万千米左右。

我国高速铁路网形成以"八纵八横"主通道为骨架、区域连接线衔接、城际铁路补充的高速铁路网，实现省会城市高速铁路通达、区际之间高效便捷相连。高速铁路主通道规划新增项目原则采用速度250 km/h及以上标准（地形、地质及气候条件复杂困难地区可以适当降低），其中沿线人口城镇稠密、经济比较发达、贯通特大城市的铁路可采用速度350 km/h标准。区域铁路连接线原则采用速度250 km/h及以下标准。城际铁路原则采用速度200 km/h及以下标准。

第二节　动车组配属

动车组是高速铁路旅客运输载体，到2018年年底，全国高铁运营里程达到2.9万千米以上，全国动车组配属约3 256标准组，动车组配属比例约11.2组/百千米。根据中国国家铁路集团有限公司规划，2020年全路规划配属动车组3 483组，2030年规划配属动车组5 541组。

第三节 动车组修程修制

动车组运营一段时间或里程后,就需要对车体零部件进行维修,更换易耗件等。这里涉及两个专业术语:修程和修制。

修制顾名思义就是指检修制度。国内外机辆维修制度分为两种:一种是在预防为主的维修思想指导下,以磨损理论为基础的计划预防维修制;另一种是在可靠性为中心的维修思想指导下,以故障统计理论为基础的预防维修制。修程指根据铁路车辆使用年限或走行里程,对车辆规定的修理种别。

1. 我国动车组修程修制

各国动车组的修制和修程不尽相同,我国动车组修制实行以走行里程周期为主、时间周期为辅(先到为准)的计划预防修,检修方式以换件修为主,主要零部件采用专业化集中修。我国动车组修程分为一、二、三、四、五级,各级修程检修周期见表2.1。

表 2.1 检修周期表

序号	车型	一级修	二级修	三级修	四级修	五级修
1	CRH1A/1B/1A-A	≤(4 000+400)千米 或 48 小时	3万千米	(120±10)万千米或3年	(240±10)万千米或6年	(480±10)万千米或12年
2	CRH1E CRH380D	≤(5 000+500)千米 或 48 小时	3万千米			
3	CRH2A(统)/2B/2C/2G	≤(4 000+400)千米 或 48 小时	3万千米	60_{-5}^{+2}万千米或1.5年	120_{-10}^{+5}万km或3年	(240±10)万千米或6年
4	CRH2E(改)CRH380A(L)(统)	≤(5 000+500)千米 或 48 小时	3万千米			
5	CRH3C、CRH380B(统)/BL/CL/BG	≤(5 000+500)千米 或 48 小时	3万千米	(120±12)万千米或3年	(240±12)万km或6年	(480±12)万千米或12年
6	CRH5A/5G/5E CRH3A	≤(5 000+500)千米 或 48 小时	3万千米			

根据铁路总公司修程修制改革，一级修，检修周期按照速度 300～350 km/h 运营动车组运用不大于（7 000+700）km 或 48 h、速度 200～250 km/h 运营动车组运用不大于（6 000+600）km 或 72 小时、速度 200 km/h 及以下运营动车组运用不大于（6 000+600）km 或 96 h。

各型动车组各级修程检修内容见表 2.2，检修内容略有不同。

表 2.2 各级修程检修内容及时间

检修等级	检修内容	作业时间
一级修	在运行整备状态下，完成消耗部件的更换、调整和补充等，通过人工目视和车载故障诊断系统对动车组主要技术状态和部分技术性能进行例行检查检测	4 小时
二级修	在一级修的基础上，增加部分检查项目，同时提高检查程度，并通过车载故障诊断系统对车上所有设备进行检测和性能试验。按相应检修周期，进行车轴超声波探伤、踏面修形、电气回路绝缘检测、牵引电机绝缘检测和车下电器过滤器部件清扫除尘等专项检查	0.5 天
三级修	在二级修的基础上，车体架车，推出转向架，对转向架、牵引电机、动力驱动装置、制动装置等主要部件解体后检查，更换需要更换的部件。各部件检查完毕后进行组装，再进行全列车的静态性能试验及动态性能试验。对于 CRH1、CRH3、CRH5 型动车组，还需进行受电弓、变流器、废排风机等车顶、车下、车内主要设备的检查、清洁作业	CRH2 型/CRH1、CRH3、CRH5 型（15 天/30 天）
四级修	在三级修的基础上，增加对转向架附件拆除、检修，增加对车体内部及连接部的检查及修理工作。车上、车内、车下主要设备与车体分离，送各部件检修车库进行检修，主要部件互换修，高压布线在车上做耐压试验、车体气密检查等，必要时进行车体局部涂漆。部件与车体组装后进行全列车的静态性能试验及动态性能试验，最后上线试验	CRH2 型/CRH1、CRH3、CRH5 型（30 天/45 天）
五级修	在四级修的基础上，增加座椅、ATP、内门拆卸、车钩安装座等车内、车体检修作业，车体气密性检查，并进行车体的涂漆，整车性能试验和运行试验等。	CRH2 型/CRH1、CRH3、CRH5 型（45 天/50 天）

2．国外动车组修程修制

（1）日本。

日本动车组的修程修制见表 2.3。

表 2.3　日本动车组修程修制

检修等级	检修内容	检修周期	作业时间
日常检修	动车组每次运行之前按规定的周期补充更换易耗件，并对受电弓、转向架、走行装置、制动装置、电气设备、自动门、车内设备等的状态、作用及性能进行外观检查	依动车组运用条件而定,通常2天以内	约1小时（16辆编组）
运转检查	对动车组运行中的加速、减速、振动、摇动等方面进行动态检查，并对各种设备的综合作用与性能进行乘务检查	出乘必要时	运行中
定期检修	对受电弓、高压电路、主电路、辅助电路、控制电路、自动门、制动装置、转向架、走行装置、车体、仪表、车内设备及附属设备的状态、作用与性能等方面进行检修	30天以内或走行3万千米以内	约4小时（16辆编组）
转向架检修	对主电机、动力传动装置、转向架、走行装置、弹簧、制动等主要部件拆卸或分解，并进行仔细检修	12个月以内或走行45万千米以内	约9小时（8辆编组）
大修	拆卸分解动车组的主要部件，并对各细节进行全面检查与修理	3年以内或走行90万千米以内	约10天（16辆编组）
ATC性能检修	对车上自动控制系统各部分的状态与性能进行全面检修	3个月以内	
临时性检修	动车组出现故障时进行必要的临时性检修	必要时	
车轴探伤	用超声波探伤器检测车轴有无裂损现象	定检、转向架检修与全面检修时	
车轮镟修	利用现有车轮镟床或不落轮镟床，为保持车轮踏面与轮缘正常廓形而进行的镟修	走行7~10万千米或必要时	

（2）法国。

TGV 型高速列车的检修周期和修程是运行 1 500 km 或 2 500 km 进行行车检查，运行 9 日实行舒适度检查，运行 2 周进行运转部件检查，运行 3 个月进行限制性检查，运行 6 个月进行一般性检查，运行 18 个月进行一般性大检查，运行 8 年后进行厂修（见表 2.4）。

表 2.4 TGV 型高速列车的检修周期及内容

检修等级		检修周期	检修内容
日常检查（一级）	车内检查（EJ）	1 天	车内设施检查，以发现妨碍使用的问题
	制动检查（EJM）	1 天	检查制动状况
	车端检查（NSN）	1 天	检查列车两端情况
	基本检查（ES）	走行里程≤3 000 千米	全面检查列车，以发现安全部件、运动件和受流件的故障
	卫生间除污（WC）	3 天	厕所排污，补充卫生纸、水、肥皂
	标准清洗（NNO）	5 天	利用清洗设施的基本作业，较彻底地清扫、清洗
定期检修（二级）	舒适性检查（ECF）	9 天	检修车内设施，食品供应设备、厕所和照明设施等
	走行部与舒适性检查（VOR+ECF）	18 天	基本检查+齿轮及其他运行部件检查，闸瓦磨耗，轮缘润滑情况的检查
	例行检查（ATS）	走行 36 天或 3.5 万千米	走行部检修+牵引电动机、车钩检修，过滤器更换，隔次进行蓄电池、车轴、灭火器检查更换
	小型检修（VL）	4~5 个月	各种功能的试验和检查，磨耗件和系统的修理或根据试验结果进行维修
	中型检查（VG）	9 个月（走行 24 万千米）	内容同小型检修，但更详细
	彻底清洗（SIV）	12 个月	列车内部彻底清洗
	镟轮（RPEL）	12 个月	对车轮进行镟修
	大型检修（GVG）	18 个月	内容同较大型检修，更换牵引电动机和转向架
厂修	重大修或厂修（OE）	约 8 年（走行 280 万千米）视情况而定	采用大部件换修中心卸下大部件，更换后送往工厂进行大部件大修

（3）德国。

德车 ICE 高速列车的检修周期和内容见表 2.5。

表 2.5 德国 ICE 高速列车的检修周期和内容

检修等级	检修周期/km	检修内容	作业时间	备注
L 级检修（日常检修）	3 500（1+10%）	日常检查（轮对、走行装置、受电弓及制动系统），列车内部清洗（I_2 组），列车排污及整备（水、砂、餐车供料），排除损坏及故障	1 小时	每运行 3~4 天进行轮对检测诊断，根据状态检修
N 级检修（周检）	20 000（1+20%）	L 级检修的全部工作，制动装置试验，动力车驱动单元维护保养	2 小时	
F1 级定期检修	60 000（1+20%）	N 级检修的全部工作，检查列车主要部件和整列车各项功能，列车内部清洗（I_3 级），制动机检修（$B_r1.1$ 级），空调设备保养	18 小时	
F2 级定期检修	120 000（1+20%）	F1 级检修的全部工作，列车内部清洗（I_4 级），检查配电柜、油冷却剂	22 小时	
F3 级定期检修	240 000（1+20%）	F2 级检修的全部工作，车轴超声波探伤，车钩及通过台检查，列车清洗加强（I_4 级），制动机检修（$B_r1.2$ 级），压力保护设备功能检查	26 小时	F3 和 F4 级检修各在半列车组上进行以便合理分配作业高峰，减轻作业负荷
F4 级定期检修	480 000（1+20%）			
简易大修	1 200 000（1+20%）	F4 级检修的全部工作，转向架检查、分解和更换，制动机检修（B_r2 级）	4 天	
大修	2 400 000（1+20%）	整个列车分解、检查、修复，全面清洗（包括部件、空气管道等），压力密封检验，车体重新油漆，更换中间缓冲车钩，更换损坏的高压电缆，车体测量及改善	13.5 天	

（4）瑞典。

瑞典动车的检修周期和内容见表 2.6。

表 2.6　瑞典动车检修周期和内容

检修等级	检修周期/km	作业时间/h
检查	6 250	5.7
1 级检修	25 000	11.1
2 级检修	100 000	18.4
3 级检修	300 000	288
4 级检修	600 000	452
1 级大修	1 200 000	1 036
2 级大修	3 600 000	3 407

（5）西班牙。

西班牙动车的检修系数和周期见表 2.7。

表 2.7　西班牙动车检修周期和内容

检修等级	检修周期
技术检查（VS） 舒适性检查（VSC） 走行部分检查（VSO） 列车外部清洗（LEA） 厕所排污（WC）	
客车设备舒适性检查（VSV）	最多 18 天
客车一般检修（RL）	3 个月+两周
全面检修（1 级）（R1）	6 个月+4 周
客车一般检修（RL） 客车内部检查（LIV1）	9 个月+4 周
全面检修（2 级）（R2） 客车内部检查（LIV1）	18 个月+12 周

第四节　动车运用所分布

高铁运营包括三大要素：高速铁路、高速列车、动车组维修段。动车组维修段是承担动车组检修的场所，我国的动车组维修段分为三类：动车存车场、动车运用所、动车段。动车存车场承担动车组存放、整备作业，动车运用所承担动车组存放、整备、一二级修、临修、镟轮作业，动车段承担动车组一至五级修作业。动车运用所包含动车存车场，动车段包含动车运用所。我国动车组维修段采用"检修集中、分散存放"的原则，按照"快速检修、安全可靠、高效运营"的要求布局。

目前，我国布置了7个动车段：北京、上海、广州、武汉、成都、沈阳、西安动车段，承担全路动车组三级修，以及部分四、五级修作业，五级修多由动车组制造商承担。

存车场分布较多，一般布置在动车组始发量较大的地级城市，主要用于动车组夜间存放需求，工程内容相对简单。

动车运用所多设置在各个省会城市以及客流量较大的地级市城市，保障动车组"准点开行、安全运行"。截至2019年4月底，全国共布置了93个动车运用所，各个动车运用所建设规模详见表2.8和图2.1所示（说明：市域铁路也新建一定数量的动车运用所，市域动车运用所参考了国铁动车运用所工程建设，为市域铁路服务，建设方案与国铁动车运用所基本相同，本文不含）。

表2.8 全路动车运用所

序号	所属单位	动车运用所	既有		在建/设计			预留	
			检查线	存车线	检查线	存车线	阶段	检查线	存车线
1	成都铁路局集团有限公司	成都动车运用所	16	64					
2		天府动车运用所			8	32	初设	16	64
3		广元动车运用所				3	施工图	2	7
4		宜宾动车运用所				6	施工图	4	8
5		重庆北动车运用所	4	22					
6		重庆西动车运用所	8	34				4	12
7		重庆东动车运用所			6	24	初设	6	24
8		贵阳北动车运用所	4	23					
9		贵阳北第二动车运用所	8	29					12
10	南宁铁路局集团有限公司	南宁动车运用所	6	35					
11		南宁第二动车运用所			6	30	施工图		
12		桂林北动车运用所	6	36					

续表

序号	所属单位	动车运用所	既有		在建/设计			预留	
			检查线	存车线	检查线	存车线	阶段	检查线	存车线
13	昆明铁路局集团有限公司	昆明南动车运用所	6	45					
14		大理动车运用所			4	15	可研	2	5
15	西安铁路局集团有限公司	西安北动车运用所	14	64					
16		西安南动车运用所			4	16	施工图	12	56
17	兰州铁路局集团有限公司	兰州西动车运用所	6	25	4	10	施工图		
18		银川动车运用所			4	20	施工图	4	20
19	乌鲁木齐铁路局集团有限公司	乌鲁木齐动车运用所	6	24					12
20	中国铁路青藏集团有限公司	西宁动车运用所	2	10	4	16	可研		
21	北京铁路局集团有限公司	北京动车运用所	3	7					
22		北京西动车运用所	3	10					
23		北京南动车运用所	12	78					
24		北京北动车运用所			6	17	在建		
25		星火动车运用所			10	44	在建		
26		丰台动车运用所			6	27	在建		
27		大厂动车运用所			6	20	施工图		
28		石家庄动车运用所	4	27	4	21	变更	4	12
29		天津动车运用所	10	50					
30		唐山动车运用所		6				6	18
31		雄安动车运用所			4	20	施工图	4	20
32		廊坊空港新区动车所			4	10	初设	2	12
33		沧州动车运用所			4	12	初设		6
34	太原铁路局集团有限公司	太原动车运用所	4	27	6	9	在建		
35		太原第二动车运用所			6	24	可研		16

续表

序号	所属单位	动车运用所	既有		在建/设计			预留	
			检查线	存车线	检查线	存车线	阶段	检查线	存车线
36	呼和浩特铁路局集团有限公司	呼和浩特动车运用所	4	16					
37		包头动车运用所			6	24	可研	4	16
38	哈尔滨铁路局集团有限公司	哈尔滨西动车运用所	6	38	6		在建		
39		牡丹江动车运用所			4	16	施工图	4	16
40	沈阳铁路局集团有限公司	沈阳动车运用所	6	7					
41		沈阳北动车运用所	8	22					
42		沈阳南动车运用所	4	15	8	20	可研		
43		长春西动车运用所	8	22				4	6
44		大连北动车运用所	4	22	8	20	可研		
45	郑州铁路局集团有限公司	郑州五里堡动车运用所	2	5					
46		郑州南动车运用所			6	24	在建	6	24
47		郑州东动车运用所	12	62					
48	武汉铁路局集团有限公司	武汉动车运用所	10	65					
49		汉口动车运用所	6	23					
50		襄阳动车运用所			6	16	在建	4	16
51	济南铁路局集团有限公司	济南西动车运用所	12	24					
52		济南东动车运用所	6	32					14
53		青岛动车运用所	3	3					
54		青岛北动车运用所	6	24					
55		临沂北动车运用所			4	12	在建		10
56	上海铁路局集团有限公司	南翔动车运用所	8	40					
57		上海南动车运用所	4	8					
58		上海虹桥动车运用所	14	74					
59		南京动车运用所	4	14					
60		南京南动车运用所	8	47				2	
61		南京北动车运用所			8	48	可研	4	12
62		徐州东动车运用所	6	20				6	10
63		杭州动车运用所	6	20				6	28

41

续表

序号	所属单位	动车运用所	既有		在建/设计			预留	
			检查线	存车线	检查线	存车线	阶段	检查线	存车线
64	上海铁路局集团有限公司	杭州西动车运用所			6	28	初设	6	32
65		合肥南动车运用所	10	35				4	10
66		合肥动车运用所			6	24	施设	4	15
67		南通动车运用所			6	24	在建	4	16
68		宁波动车运用所			6	24	施设	4	16
69		温州动车运用所			8	32	施设	4	14
70	南昌铁路局集团有限公司	南昌动车运用所	2	6					
71		南昌西动车运用所	6	19					
72		南昌西第二动车运用所			8	36	在建		
73		南昌东动车运用所			4	36	初设	4	
74		龙岩动车运用所	2	6					
75		赣州动车运用所						4	56
76		福州动车运用所	2	10					
77		福州南动车运用所	6	30					
78		福州南第二动车运用所				24	施设	12	16
79		厦门北动车运用所	8	20					
80		厦门北第二动车运用所				20	施设	8	20
81	广州铁路公司	广州东动车运用所	3	7.5	4	9	施设		
82		广州南动车运用所	10	63					
83		广州动车运用所			12	48	可研		
84		广珠动车运用所	2	9					
85		深圳动车运用所	6	32					
86		深圳北第二动车运用所			8	32	施设	4	16
87		佛山西动车运用所	6	24					
88		长沙动车运用所	10	34					
89		长沙西（黄金）动车运用所			6	26	施设		
90		潮汕动车运用所			6	22	在建	4	26
91		新塘动车运用所			4	18	在建	4	16
92		西丽动车运用所			10	40	可研		
93		湛江东动车运用所			6	22	初设	2	20
94		三亚动车运用所	2	10					13
总计			344	1 524.5	252	1 021		174	742

注：检查线、存车线均折合为长编组线。

第二章 国内动车运用所概况

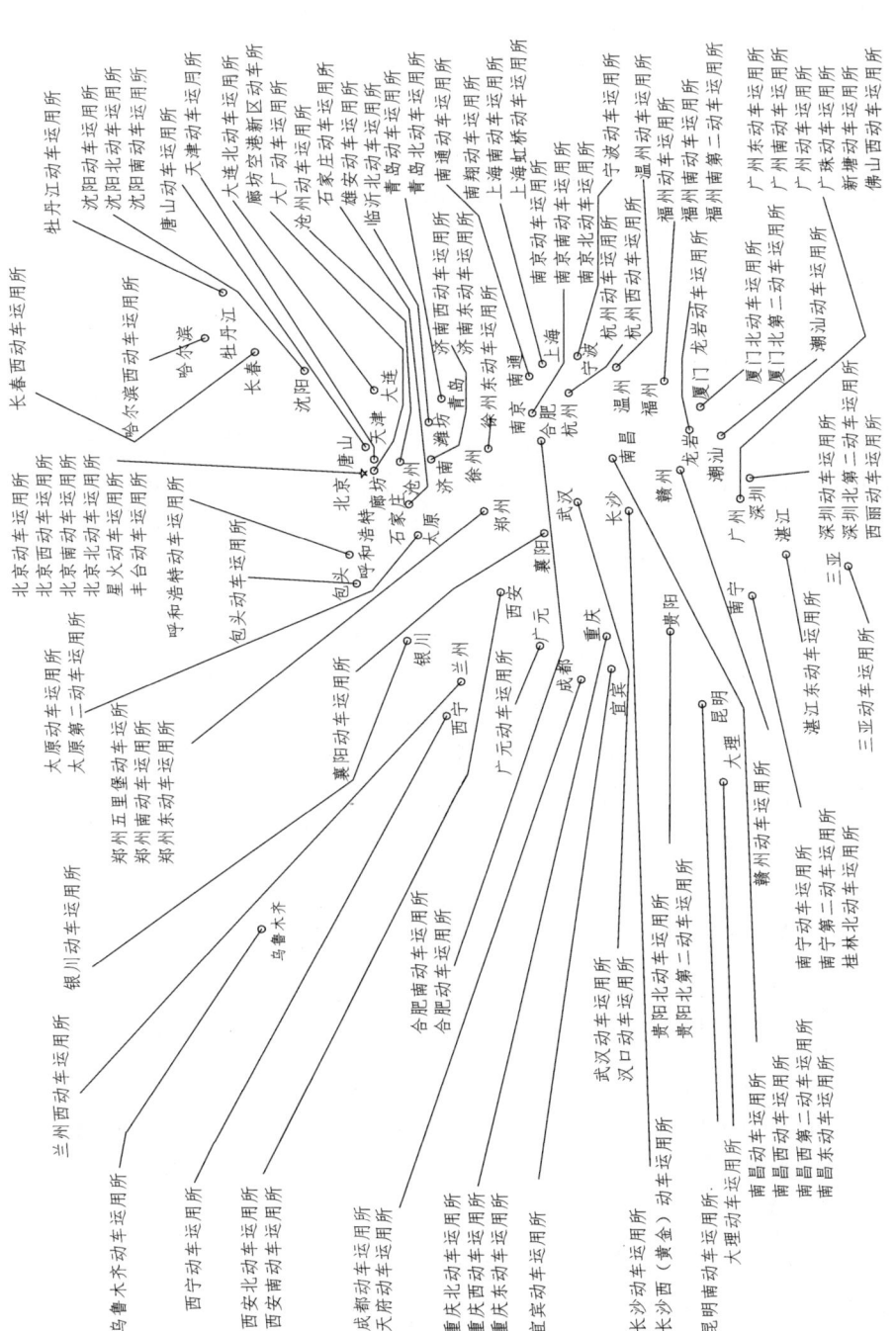

图 2.1 全路动车运用所分布

第五节　工程特点

动车运用所是高速铁路工程重要的内容，在高速铁路建设和运营中扮演着重要的角色。

1．动车运用所是高速铁路运输的重要配套设施

一般认为铁路系统包括"车、机、工、电、辆"五大系统。动车运用所涵盖了"机、辆"两大系统。动车组的正常运行一定是以配套日常维护设施为前提的，动车运用所便是承担动车组日常维护作业的设施，由此可见其重要性。

我国的动车运用所工程一般由铁路投资方出资兴建，因此动车运用所是高速铁路工程设计的必备内容。欧洲一般是由车辆供应商承担车辆维修作业，2016年11月，泰尔戈公司（TALGO）为西班牙国铁公司（RENFE）供应15列高速动车组，附带了为期30年的运维保养服务。

2．动车运用所系统性强，展现了我国高速铁路成套技术水平

无论是工程设计，还是运营生产，动车运用所基本上囊括了所有工程技术专业，很典型地诠释了工程活动系统集成的特点。我国动车运用所整合了普速机务、车辆段（所）技术，全面展现了大型检修厂房消防、高密度接发车、检测数据的信息化、人机检测协同作业等关键技术，体现了我国高速铁路的成套技术水平，并且在不断推动着我国高速铁路技术的发展。

3．动车运用所规模以检查线和存车线数量为标志

检查线是承担动车组一、二级修，整备的场所，存车线是承担动车组停放、司机出退勤的设施。

4．动车运用所为设计工程师提供了充足的实践机会和平台

在快速的高速铁路建设中，动车运用所也在迅速配套建设，旺盛的市场需求为设计工程师提供了广阔的想象空间和设计灵感，推动工程设计方案不断优化、装备技术不断发展。

5．计划维修与状态维修结合修成为未来的发展方向

随着铁路装备技术的发展，动车组维修逐渐向状态修发展。因为不可能用仪器来检测判断所有故障，也不可能全部准确判断设备什么时候坏，

什么时候需要进行维修，所以，从目前技术情况看，状态修无法取代预防修。设备在使用过程中由于机械运动、温度、腐蚀等因素，会使部件内部产生一些肉眼无法观察到的微观变化和损伤，并可能在一定条件下急剧扩大，造成零部件失效，这种情况并不能通过监测发现，也就是说对于这类随机故障，状态监测是无能为力的。由于计划维修针对设备重点部件进行定期更换，就可以在很大程度上弥补状态维修的不足。由此可见，将计划维修与状态维修两者相结合将起到互补的重要作用，将成为未来检修的发展方向。

第三章　工程与工艺设计

第一节　工艺系统设计理论

动车运用所是高速铁路重要的设施，从近年来铁路建设情况看，动车运用所无疑是高速铁路工程最具技术代表性的工程，其工程设计体现了以工艺设计为主体，相关专业协同设计的特点。因此，工艺设计成为动车运用所工程设计关键技术，也是高铁工程的重要内容，那么，什么是工艺设计呢？

一、工　程

要想明白工艺设计，需从工程谈起。

1. 工程的概念

有关工程的起源比较普遍的说法是源于军事，最先被称为"工程师"的人是军人，军队需要建设大量的防御工事，这些需要一定的技术，由此形成了工程组织。1716年，法国建立了工程师军团——桥梁和道路军团，专门用于建设和维护国家的桥梁、道路和运河，该军团成立了工程学校，用来培训军事工程师。

在《麦格劳-希尔科技百科全书》中，工程被定义为调动自然界中巨大的动力资源来为人类使用和提供便利的技术或科学。我国的工程院殷瑞珏等院士从哲学的高度定义了工程：工程是人类为了改善自身生存、生活条件，并根据当时对自然的认识水平，而进行的各类造物活动，即物化劳动过程。工程是动态运行的、创造价值的直接生产力，是社会发展的基本推动力量和方式。工程的表现是造物，实质是为人类服务。

工程对政治、经济、文化有着重大的影响，尤其是高铁工程，已经成为中国经济、政治、文化发展的重要推手。

2．工程的本质

工程的本质是利用各种资源与相关基本经济要素，构建一个新的人工物的集成过程。所谓集成，是指两个或两个以上的基本单元集合成为一个有机系统的过程，它强调了主体行为的能动性与创造性、功能的整体性、过程的优化与选择性、各要素之间的相容性，以及对环境的适应性等特点。集成的实质是选择与整合，即依据确定的目标，从复杂繁多的技术中选择恰当的要素，然后将所有要素有机地整合起来，以实现各类资源的有效配置。

工程建设存在于人和自然以及人和社会的关系之中，工程包括技术要素（比如结构设计、地基处理、设备选型等）和社会要素（经济、政治、管理、制度、政策、道德、法律、艺术等），这些要素相互关联、相互制约、相互促进。由此形成了两个问题：一个是技术性问题，另一个是价值性问题。技术性问题包括自然资源与知识，服从自然规律，满足相关规范。价值性问题包括市场与社会，体现了人的目的性。工程立足自然，运用各类知识，实现社会价值。

3．工程与科学、技术

工程与科学、技术是有本质的不同。科学发现、技术发明、工程建构是三种不同类型的社会实践活动。科学的本质是对各类事物及其运动的本质、构成运动规律的探索，是以追求真理为核心的，不一定是唯价值导向的。技术的本质是对客观事物运动机理的理解和经过巧妙构思的再加工，从而获得的"工具性"手段，以追求发明革新为核心，体现了创造性、创新性、发明性、诀窍性、有效性、稳定性等特点。技术通过工程实现价值目标。工程是以集成构建为核心，工程是不同形态技术要求的系统集成，而不是简单的相加，工程体现了不同技术集成统一性、协同性和相对稳定性。科学是对既有世界的认知，而工程是创造新的物体。

工程离不开技术，更离不开科学。部分工程无法做大、做强、做精，其原因是缺乏技术上"勇于跨越，追求卓越"的工匠精神，缺乏科学上"唯真性、探索性"的系统理论引领，离开技术和科学论工程犹如空中楼阁。

二、工程思维

工程过程是渗透着人的目的、思想、感情、意识、知识、意志、价值观、审美观等思维要素和精神内涵的过程。工程活动是以人为主体的活动，工程活动的主体包括投资者、决策者、工程师、管理者、劳动者和其他利益相关者，在工程过程中表现出丰富多彩、追求创新、正反错综、影响深远的思维活动和方法技能。

1. 工程思维有别于科学思维

工程思维是以价值为导向的思维，工程的目的是满足社会生活需要、创造更大的价值。没有价值的活动不能构成工程。而科学思维不是价值导向的，是真理导向的，以发现真理、探索真理、追求真理为目的。

工程思维是与具体的"个别对象"联系在一起的"个性"思维。科学思维是超越具体对象的"共性"思维，因此在工程活动中，不能简单照搬其他工程经验，世界上没有两片完全相同的树叶，任何工程都有"独特性"。

从时间和空间维度上看，工程思维必然是与思维对象的具体时间或具体时间段联系在一起的思维，即具有"固定性"特征的思维。而科学在时空上具有"普遍性""跨越性"。因此在工程活动中，即使是同样的项目，不同的方案，不同的时间，也不能简单套用相同的技术。

工程思维逻辑性具有"矛盾律"和"折中律"，也即在工程思维中，决策者、设计者常常不得不面对"矛盾的要求"，采用权衡的折中方案。而科学理论体系中是不允许出现逻辑矛盾的。

工程问题的提出具有特殊性，而科学问题具有普遍性。科学问题的答案是"放之四海而兼准"的答案，而工程问题的答案就不一定，工程问题提出的要旨在于提出异议的问题。

工程问题求解具有非唯一性，在工程活动中，参与者往往会综合各种技术，可以得出很多个方案，这种非唯一性的特性对工程设计和决策都产生了及其深刻的影响，这也正是工程最美妙的地方，这就需要考究工程设计者和决策者能否选出"最优""最合理"的方案，卓越的工程师能够在这个以"非唯一性"为特点的决策舞台上，表现出高水平的决策能力和卓越的决策艺术。但科学问题的求解具有唯一性。

工程思维是以制定和执行规则为己任，而科学是以发现和研究规律为己任。工程活动中，必须严格执行工程规范和工程标准，这些规范和标准也构成了工程的知识体系。

2. 工程思维是集成性思维

工程活动是技术、经济、管理、社会、审美和伦理等多种因素的集成，集成性的成败往往决定工程思维成败。

3．工程思维具有容错性

任何工程都是具有一定程度的风险，工程思维的错误性是不可避免的，但业主或社会往往却不允许工程项目的错误。这就要求工程思维具备容错性，也即在出现错误时，工程活动仍能继续正常运转，而不至于使系统功能瘫痪。在具体工程活动中，表现为集审、多级审查、多次审批、多方参与等，以保证工程的容错性。

4．工程思维重视价值追求和意志因素

工程思维的灵魂在于实现一定的价值，工程思维方式中，价值理性的地位和作用应高于知识理性的。片面地强调知识理性是对工程思维的误解。在实现价值追求中，设计者的个人意志也是非常重要的，意志薄弱、知识片面、刚愎自用、我行我素常常导致工程的失败。

三、工程方法

工程活动的方法主要有系统集成、协同设计、最优设计、合理选择等。

1．系统集成

一个工程活动往往是由技术要素和资源、资本、土地、劳动力、市场、环境等非技术要素多个要素的集成。

2．协同设计

无序就是混沌，有序就是协同，在多个要素的集成过程中，要使得各个要素相互协调、合理搭配，形成一个有序合理的过程。

3．最优设计

在协同选择出的多个工程方案中，选择一个最小能耗、最大能力、最小风险、最高效率的方案，这便是最优设计。

4．合理选择

最优的设计不一定是最合理的，工程目标的确定不仅体现了各参与方的利益，也存在工程建设与社会环境、自然环境的协调融合的问题，其间往往存在矛盾，这就需要工程师进行权衡选择，选择最合理的方案。

四、工程设计

在工程实践中,"按图施工"早已成为工程界的行规,由此可以看出,工程设计工作具有非常重要的作用。工程的本质在于设计,工程设计是人类最基本的创造方式,在工程活动中,工程设计无疑是最为重要、最为核心的内容。

工程设计是把一定功能转化为满足一定功能的人工物、系统或服务蓝图的过程,工程设计是一种充分利用科学技术知识的系统过程。

在工程设计中,工程师不仅要考虑是否顺应客观世界事物存在和发展的规律性,还要考虑设计是否满足人们生产生活的需要,是否有利于人类自身的发展和完善,是否有利于人类文明的传承。工程设计是一个起始性、定向性、指导性的环节,具有特殊的重要性。人的主观能动性也集中体现在工程设计中,是将知识转化为现实生产力的先导过程,是对工程构建、运行过程进行先期虚拟化的过程。

1. 设计属性

设计工程具有自然属性和社会属性,工程设计基于科学家们发现以及自然现象,通过集成综合导向为有用的、便利的、经济的目标。工程师必须承认自己依赖于一定的社会背景约束下,这种约束可能是政治的、文化的、伦理的、法律的、环境的或经济的。

2. 设计特点

工程设计具有社会性、科学性、创造性、非唯一性、选择性、妥协性。

(1) 社会性。

工程设计是由设计团队完成的,他们可能具有不同的教育经历、社会阅历、个人兴趣等,即使对同一个设计目标,可能提出不同的方案。

(2) 科学性。

现代的工程设计是基于科学计算,以验证设计的合理性和正确性。当然经验的积累和传承也是相当重要的。

(3) 创造性。

任何一项工程都是独特的,世界上没有两项完全相同的工程,工程设计的本质就是一种创造性的活动,工程设计需要创造出那些先前不存在的甚至不存在于人们观念中的新东西。设计原始构思、过程的精细化、工程特殊性等都需要设计工程师创造性的想象力、洞察力和灵感。

（4）非唯一性。

工程设计的非唯一性有以下体现：第一，对问题本身缺乏唯一的、无可争议的表述；第二，对问题的任何一种表述都包含不一致性、对问题的表述依赖求解问题的路径；第三，问题没有唯一的解答。

（5）选择性。

工程设计总是涉及多变量、多参数、多目标和多重约束条件的复杂问题，工程师必须在许多方案中做出选择，工程设计是经过分析、推理、判断等一系列思维活动对技术进行了合理的重构。

（6）妥协性。

工程设计中总会遇到安全与经济之间的矛盾、安全与可持续性之间的矛盾，以及各利益相关方之间的矛盾冲突，这就需要在多个相互冲突的目标及约束条件之间进行权衡和折中。

3．设计流程

工程活动不是简单的劳动，需要深思熟虑的设计，工程设计是一个极富创造性的创作过程，主要包括构思、筹划、计算、绘图、说明等，最终给出设计方案及工程物的蓝图，工程主体的意图、价值取向将渗透在设计方案中。工程设计一般包括以下过程：

（1）明确设计要求和约束条件。设计要注意外部条件限定，满足设计要求。设计的约束条件包括设计要求与目标、技术条件、经济条件、环境条件等。还应包括工程设计所依据的法律、规范和有关的设计文件、成本和时间的限定、工程师认为理所当然的其他限定。

（2）确定设计问题。设计问题分析将产生一个清晰的问题陈述，这些问题是根据设计要求和约束条件提出的，但深入全面理解设计问题的办法是提出解决方案。换句话说，提出可能的解决方案有助于设计者更好地理解设计问题。

（3）拟定设计方案。根据设计要求和对设计问题的把握，提出可能的解决方案，一般情况下，很难找到满足所有要求的解决方案，因此通常是提出多个备选方案。

（4）选择设计方案。工程设计问题的答案是非唯一性的，选定了某个方案，设计过程也不是线性过程，多次反复是正常的。经过反复修改评估，最终确定令人满意的设计方案。

（5）工程设计检验。对设计方案进行检验，其实质是各种相关科学理论的综合运用，这项工作有探索的性质，对类似工程也具有参考价值。

4．继承与创新

工程设计具有继承和创新的统一性。没有继承，工程设计失去了可靠的技术基础，没有创新，工程设计失去了成功的保障。继承体现在老一辈的言传身教，和对规范、标准等的知识获取，而创新更多需要个人知识的综合分析力、理性评判、灵感等，继承是考验工程师对已知的学习力。创新是考验一个工程师对未知的探索力，工程的本质在于构造未知，因此，创新贯穿于整个工程设计中。

选择和建构是工程的基本方法，因此，工程创新基本方法基于合理的要素选择和多维构建。创新具有普遍性和特殊性，可分为要素创新和集成创新、引进消化吸收再创新和原始创新、突破创新和渐进创新等。

5．系统性和开放性

工程设计体现了多专业技术的集成，优秀的工程设计师不单单是在专业上的精细化，同时往往注重系统性。面对有限的设计资源，工程设计应在开放耗散有序结构理念指导下，充分利用设计资源，实现工程效益最大化。

6．工程设计发展

社会的需求、科技进步是工程设计发展的重要动力，而社会体系、制度、利益结构、价值观又制约了工程设计。自然、生态规律对工程设计有促进和制约作用。传统和创新的对立统一矛盾促进了工程设计的发展。

7．自上而下的继承与自下而上问题导向相结合

由于科技的发展，生产新需求的出现，简单继承的设计方法无法适应工程设计新要求，应进行探索与创新，工程设计应具备前瞻性。

（1）传统的设计方法：自上而下的继承。

传统的设计流程为标准规范→工程设计与建设→运营生产，这种设计方法是自上而下的，重点强调规范、继承，体现强的依法合规性和专业技术性，缺点是保守、创新不足、适应性较差、部分内容可能不能很好地满足实际生产需求。

（2）面向生产的设计方法：自下而上问题导向。

自下而上特征是能力、效率、适宜。优点是从实际生产需求出发，发现问题，解决问题，开展设计，体现了强的适应性。缺点是实际需求可能存在生产经验的滞后性和需求的多变性，部分需求可能不合理，影响了设计决策，这就需要工程师具备强的辨识性。当然这种设计方法也要以规范为基础。

8．设计工程师职业素质

在工程建设中，设计工程师扮演了重要的角色，社会对工程师的要求也越来越高，工程师应立足实践、缜密运筹、尊重科学、集成创新、重视合作、精益求精。根据 ABET（美国工程与技术认证委员会），一个设计工程师应具备以下能力：

（1）应用数学、科学和工程知识的能力。

（2）设计和进行试验，以及分析和解释数据的能力。

（3）设计一个系统、组成部分或程序以满足期望需求，如经济、社会、环境、政治、伦理、卫生安全、生产和可持续需求的能力。

（4）在多学科团队活动的能力。

（5）识别、建构和解决工程问题的能力。

（6）对职业责任和伦理责任的理解。

（7）进行有效沟通的能力。

（8）通过必要的通识教育理解工程解决方案在全球、经济、环境和社会背景下的影响。

（9）对需求的认识和一种从事终身学习的能力。

（10）有关当代问题的知识。

（11）因工程实践的需要而使用技术、技能和现代工程工具的能力。

五、工程设计价值

价值论是关于价值的性质、构成、标准和评价的哲学学说。它主要从主体的需要和客体能否满足及如何满足主体需要的角度，考察和评价各种物质的、精神的本质、现象及人们的行为对个人、阶级、社会的意义。工程价值问题与哲学问题密切相关，比如工程决策的原则问题、伦理道德问题，一个工程建设质量优秀，但很可能因布局不当而不能发挥效益，这显然不是技术性问题。对于一些技术性问题，当我们向深层次追问时，到最后也可能遇到价值观问题。工程活动之所以出问题，根本在于价值取向失误，在于指导工程的基本观念和原则失误，而批判、分析、阐明这些观念和原则正是工程哲学的核心任务，这就构成了工程设计的价值观。

1．工具价值

工程是人类改造世界的一种手段，最终为人类价值服务，工程设计具有普遍的工具性。工具价值讲求功利和实用，它关心的重点是"如何"，而不是

"为何"的问题，表现在理论上就是形式化、数学化，表现在方法上就是精确化、程序化，表现在实践上则是可操作性和普遍有效性。

2．目的价值

目的价值主要回答人类世界"应当是什么""怎样才更好"的问题，它主要给技术世界一个善和美的价值引导，给工程活动一个长远合理的计划，目的价值是在改造世界过程中，用"人的尺度"引导和把握"物的尺度"。哲学追问"我是谁"，自然科学追问"我从哪儿来"，而工程设计以人为根本对象，以创造性、可持续性的态度研究人类社会的发展，进而为人类指引更美好的未来，追问"我将去哪里"。

3．社会价值

工程最终目的是为人类服务，体现了社会性，满足经济、政治、文化发展需求。经济上获得收益，实现高效率、低成本、高收益；实现低能耗、低排放、可持续发展战略；满足地域文化多样性需求，如民族地区工程设计具有信仰导向和对精美的追求，西方地区工程设计具有实用主义、商业驱动、民主精神、宗教信仰，中国工程设计以情寄物。

4．有限理性（合理性）

热力学第二定律告诉我们，我们所处的系统是有限的，自然结构衰减比守恒更为可能。有限理性更贴近实际，这是因为：不存在一个完全客观的最优标准，工程设计活动往往是见仁见智；不同的人对同一事物理解不同，同一个人对同一事物的理解也可能因时间的不同而不同。因此，工程设计往往很难实现效用最大化和最优化，解决问题常常转向合理，即不是最优的，但是最合理的。

5．满足规则

为实现工程价值，人类需要解决两方面的问题，满足自然规律和社会规律的问题。由于人类对客观规律的认识是一个循序渐进的过程，在人类发展的某一个阶段只能认识有限的规律，而人类违背其未能认识的规律同样能够导致人类的价值不能实现。因此，为了避免人类尚未认识的规律对人类的价值造成损害，人类制定了必要的规范或规则，人类对规则的认识是建立在已经认识到的自然规律基础之上的，规则包括人类已经认识到的规律的部分和人类为避免损害而制定的对自身有利的规范两个部分。工程规则是人类理性在工程领域里的体现。

6．伦理价值

工程设计无疑是通过人类的行为来实现的，通过设计人类不可避免地会体现自己的精神观念和社会评价，因而附含着人的价值观等因素。人类虽然有理性，但人类本身也具有情感，人类情感对人类理性的辩证否定，人类情感是人类发展的基本动力，人们无法否认人类情感对人类发展的重要性。然而人类情感对人类自身也有不利的一面，它会造成人类的盲目。为了确保工程规则被遵守，人们构建了一系列工程建设制度以及法律，以矫正触及道德底线的行为。

7．工程设计的技术属性和价值属性二重性

工程设计是基于技术，遵循自然科学法则，在特定环境（自然环境和社会环境）的制约下，具有自身规律的理性活动，具有技术特征的造物过程。工程也是人为的造物过程，人的主观价值观自然隐藏在其中。

8．工程设计价值实现

一定的历史需求是工程设计价值实现的前提，工程设计价值实现是一个理论和现实的互动过程。工程设计主体独立的品格是工程设计价值实现的必要条件，敢于怀疑、善于追问是工程设计价值实现的逻辑起点，工程设计价值的基本条件是自觉地批判和反思的意识。确定首要的或超级的价值是不可能的，做到通约的价值也是不可能的，我们可以从以下几个方面思考：

（1）优化设计的理想是设计过程的激励与指导。寻找可能的新技术至关重要，探讨新方案，更好地满足人们的需求。

（2）优化设计的理想往往激励调查与设计改进有关的技术参数。这将有助于更深入了解设计问题，改善最终设计方案。

（3）设计问题往往可以被细分成更小的问题。这些小问题处理妥善，可能会带来优化的解决方案。

六、工艺设计

铁路机辆设备工程是铁路工程的一个子项，机辆设备工程包括承担机辆维修的机务段（所）、车辆段（所）、动车段（所）等。机辆设备工程设计是以工艺设计为主导，相关专业协同设计为特点。

1．工艺设计

工艺设计在《辞海》中被定义工艺规程设计和工艺装备设计的总称。工艺规程设计主要包括决定产品制造和质量检验的过程与方法，选择设备，确定必要的工艺装备，制订工时定额和原材料消耗定额，拟定劳动组织和生产组织等。工艺装备设计是根据工艺规程的要求，设计各工序所需要的专用工具，如冲模、压模、夹具和刃具等。

铁路工程工艺设计是工艺流程设计和工艺装备设计的总称，包括机辆检修过程和方法，以及设备选型。工艺设计是以房建、线路为框架，设备为基石，工艺流程为灵魂建立起来的概念体。工艺设计的目的是实现"功、能、效"，即功能、能力、效率，因此往往从检修作业的完整性（功能）、检修能力的匹配性（能力）、检修作业的实用性（效率）三个方面评价工艺设计的优劣。功能体现了人工物的本质属性，能力反映了人工物满足其功能的有效性程度，效率可以定义为人工物满足其功能和为此做出努力之间的比率。

工艺设计具有工程设计的一般性，即创造性、选择性、妥协性、思辨性，还具有总体性、故障安全性等。动车运用所工程主要功能是满足动车组的检修作业，因此工艺设计专业常担当总体设计角色。由于工艺设计的重要性，设备选型及安装工程、工艺流程布局应考虑在发生一定范围的故障时，也能正常生产，不至于使生产瘫痪。

从技术的角度分析，工艺设计是以机辆检修理论为基础，相关专业技术辅助而成。从工程设计内容角度分析，工艺设计以厂房、线路、设备及设施为载体，以总平面布置图、厂房设备平面布置图、管道布置图的形式折射工程设计价值取向。

从设计行业分析，工艺设计具有行业面窄，专业面宽，技术复杂，知识更新快，总体性强，人才培养周期长等特点。

在工程设计中具体体现在工作量计算，确定设计规模，实现检修能力；完善总平面布置方案，优化工艺流程，实现检修效率最大化；合理生产车间设备布置，实现动车组作业检修、整备等功能。

2．设计理论框架

工艺设计与动车组技术、设备技术、运营生产有密切关系，它们的理论框架如图 3.1 所示。广义工艺设计，也称为工艺系统设计，是以工艺设计为内涵，动车组技术、设备技术、生产管理为外延。在工程设计中，往往容易注重内涵，而忽略外延，使得工程设计系统性不强。

第三章 工程与工艺设计

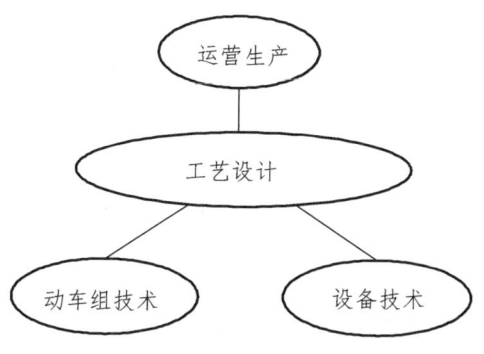

图 3.1 工艺系统设计框架

（1）动车组技术是工艺设计的基础，以知识为价值导向。

掌握动车组制造技术，关注国内外动车组技术发展，为工艺设计提供基础资料。动车组定员、速度、牵引、制动等参数是铁路工程设计内容之一，动车组尺寸参数是厂房、股道长度等尺寸设计的基本依据，动车组结构以及零部件的装配流程是工艺流程设计的主要依据。国内的铁路设计对动车组技术研究相对较少，基本按照标准化进行，缺乏追根溯源的工匠精神，国外工程设计由于地域的特殊性，一般需要深入研究。

（2）检修设备是工艺设计的功能载体，以结果为价值导向。

设备是工艺设计实现检修功能的实物载体，设备选型以实际生产效能为评判准则，设备功能、生产效率、能耗等指标往往是考究设备选型的主要因素，具体体现在新设备使用、功能整合、设备接口需求等方面。工艺设计指导设备选型，设备技术引领工艺设计创新。

（3）运营生产是工艺设计的实践应用，以问题为价值导向。

工程设计的适当性和有效性在运营生产中得到检验。工程设计重视依法合规、控制投资、技术合理，运营生产往往重视生产能力、责任清晰、舒适性、便捷性。工程设计最终目的是运营生产，为人类服务，但工程设计不一定完全满足运营生产需求。建成后的工程结构和功能具有客观性，运用生产者依赖工程物进行正常生产，实现其设计功能，在使用中也有创造性的活动。考察或调查生产现场，重点在于发现问题，引起工程师的反思，在设计中如何解决问题。

（4）工艺设计体现了系统集成，以目的为价值导向。

动车组技术、设备技术、生产管理对于工艺系统设计不是简单的补充，而是必不可少的组成内容。传统的工艺设计注重执行规范和继承经验。现代的工艺设计不能只停留在规范和经验的层面上，同时注重动车组技术、设备技术、生产管理等外延的研究，提高工程设计的系统性。动车组制造技术、设备新技术的应用、生产管理的新需求都影响工艺设计方案。

工艺设计的系统集成不仅体现在技术上的集成,而且也需要资源整合。动车运用所工程涉及建设、施工、监理、运营、审批、咨询等单位,。它们常常会创造性地改进既有设施或管理办法,这种改进可能不具备普遍性,但这种创新的改进值得设计工程师反思,挖掘各个单位的优势资源,可推进工艺优化设计。其实在设计过程中,设计工程师与相关生产者之间的反复磋商是非常重要的,深层次的磋商使得设计方案更加合理、更加优化、更高效率的为人类服务,重视相关单位的意见对工程设计具有反哺作用,鼓励相关单位积极提出问题和意见,会使得工程师受益良多。

工艺设计以目的为价值导向,动车运用所工程的目的是实现动车组存车,整备,一、二级修,临修,镟轮作业。通过实现预期的检修能力,使设计优化实现效率最大化。

第二节　设计标准体系

标准是指对重复性事物和概念所做的统一规定,它以科学技术和实践检验为基础,经有关方面协商一致,由主管机构批准,以特定形式发布,作为共同遵守的准则和依据。我国铁路技术标准体系由国家标准、铁道行业标准、国家铁路集团有限公司技术标准以及铁路专用产品技术性标准文件组成,如图 3.2 所示。

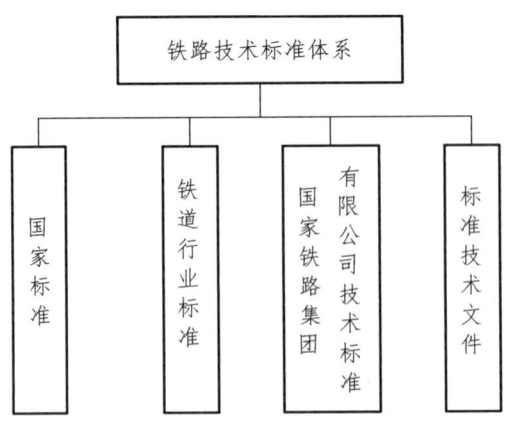

图 3.2　我国铁路规范体系

1．国家标准

国家标准是指由国家标准化主管机构批准发布，对全国经济、技术发展有重大意义，且在全国范围内统一的标准。国家标准是在全国范围内统一的技术要求，由国务院标准化行政主管部门编制计划，协调项目分工，组织制定（含修订），统一审批、编号、发布。法律对国家标准的制定另有规定的，依照法律的规定执行。国家标准的年限一般为5年，过了年限后，国家标准就要被修订或重新制定。此外，随着社会的发展，国家需要制定新的标准来满足人们生产、生活的需要。因此，标准是种动态信息。

我们国家标准分为强制性国标（GB）和推荐性国标（GB/T）。国家标准的编号由国家标准的代号、国家标准发布的顺序号和国家标准发布的年号（发布年份）构成，涉及动车运用所的国家规范见表3.1。

表3.1 国家标准

序号	标准性技术文件名称	发文编号
1	建筑防火设计规范	GB 50016—2014
2	工业企业总平面设计规范	GB 50187—2012

2．铁道行业标准

铁道行业标准，顾名思义指在全国铁道行业范围内统一的标准。铁道行业标准由国家铁路局科技与法制司负责管理。标准代号为TB，涉及动车运用所的铁道行业标准见表3.2。

表3.2 铁道行业标准

序号	标准性技术文件名称	发文编号
1	铁路建设项目预可行性研究、可行性研究和设计文件编制办法	TB 10504—2018
2	铁路动车组设备设计规范	TB 10028—2016
3	铁路工程设计防火规范	TB 10063—2016
4	高速铁路设计规范	TB 10621—2014

3．国家铁路集团有限公司技术标准

国家铁路集团有限公司科技部负责技术标准的归口管理工作，国家铁路集团有限公司各相关专业管理部门参与技术标准管理工作，铁道科学研究院标准计量研究所协助管理相关工作。技术标准的编号由国家铁路集团有限公司技术标准的额代号、标准顺序及标准发布的年号组成,如铁路房屋建筑设计规范（Q/CR 9146—2017）。另外国家铁路集团有限公司也临时发布一些通知,作为技术标准的补充,运输局参编的技术标准代号为：铁总运、运装管验,涉及动车运用所的国家铁路集团有限公司技术标准见表3.3。

表3.3 国家铁路集团有限公司技术标准

序号	标准性技术文件名称	发文编号
1	动车组专用设备检修维护管理规则	铁总运〔2014〕106号
2	动车运用所检查库及边跨标准设计的通知	运装管验〔2006〕428
3	中国铁路总公司关于印发《全路动车段（所）布局中长期规划》的通知	铁总计统〔2015〕269号
4	中国铁路总公司关于明确动车组运用检修设施及设备配置标准的通知	铁总运〔2015〕185号
5	中国铁路总公司关于明确铁路动车段（所）内工作场所设置方式的通知	铁总运〔2015〕154号
6	中国铁路总公司关于印发《铁路动车组运用维修规程》的通知	铁总运〔2017〕238号
7	中国铁路总公司关于推进动车组及和谐型机车修程修制改革的指导意见	铁总机辆〔2019〕54号
8	关于重新印发《动车组专业管理规定》的通知	铁运〔2008〕112号
9	铁路房屋建筑设计规范	Q/CR 9146—2017

4．铁路专用产品技术性标准文件

为保证铁路产品的标准化,国家铁路集团有限公司需在公司范围内对统一的产品、技术、设备、工艺要求等制定技术标准,对于符合要求但是技术指标需进一步验证的,一般要先制定技术性标准文件,在使用一定时间后根据需要转化成相应的技术标准。

根据《铁路专用产品标准性技术文件目录》的通知（铁总科技〔2018〕33号）规定了铁路产品的技术标准,截至2017年12月31日,共有813个文件。标准代号有运装管验、运基通信、铁总运、铁科技等。其中涉及动车运用所设计有34项,涉及动车运用所的铁路专用产品技术性标准文件见表3.4。

表 3.4 铁路专用产品技术性标准文件

序号	文件编号	标准性技术文件名称	发文编号
1	TJ/CL 255—2015	动车组运行故障图像检测系统（TEDS）探测站设备暂行技术条件	铁总运〔2015〕242号
2	TJ/CL 255A—2013	动车组运行故障图像检测系统（TEDS）轨边设备安装暂行技术条件	铁总运〔2013〕105号
3	TJ/CL 256—2013	动车组车轮故障在线监控系统技术条件	铁总运〔2013〕17号
4	TJ/CL 257—2013	动车组检修作业安全联锁监控系统技术条件	铁总运〔2013〕16号
5	TJ/CL 274—2013	动车组应急轴温无线监测装置暂行技术条件	铁总运〔2013〕80号
6	TJ/CL 360—2006	动车组运用所检查库轨道桥技术条件	运装管验〔2006〕290号
7	TJ/CL 361—2007	动车组运用所标识标准	运装管验〔2007〕46号
8	TJ/CL 362—2007	动车组运用所牵引机设备技术条件	运装管验〔2007〕120号
9	TJ/CL 363—2007	动车组运用所转向架更换设备技术条件	运装管验〔2007〕120号
10	TJ/CL 366—2008	动车基地标识标准	运装管验〔2008〕324号
11	TJ/CL 367—2008	动车基地、运用所智能卡应用技术规范	运装管验〔2008〕349号
12	TJ/CL 368—2009	动车组管理信息系统总体方案	运装管验〔2009〕95号
13	TJ/CL 373—2011	立体作业平台技术条件	运装管验函〔2011〕175号
14	TJ/CL 377—2011	固定式真空卸污设备技术条件	运装管验函〔2011〕175号
15	TJ/CL 378—2011	动车组外皮自动清洗机技术条件	运装管验函〔2011〕175号
16	TJ/CL 379—2011	在线移动式轮辋轮辐探伤设备技术条件	运装管验函〔2011〕175号
17	TJ/CL 381—2011	便携式相控阵轮辋探伤仪技术条件	运装管验函〔2011〕175号
18	TJ/CL 382—2011	自动化立体仓库技术条件	运装管验函〔2011〕175号
19	TJ/CL 383—2011	动车组公铁两用牵引技术条件	运装管验函〔2011〕175号
20	TJ/CL 384—2011	滤网清洗设备技术条件	运装管验函〔2011〕175号

续表

序号	文件编号	标准性技术文件名称	发文编号
21	TJ/CL 385—2011	滤筒清洁设备技术条件	运装管验函〔2011〕175号
22	TJ/CL 386—2011	管理信息系统技术条件	运装管验函〔2011〕175号
23	TJ/CL 387—2011	动车组检修作业评价装置技术条件	运装管验函〔2011〕175号
24	TJ/CL 388—2011	车辆检修调车安全监控装置技术条件	运装管验函〔2011〕175号
25	TJ/CL 389—2011	安全防范系统技术条件	运装管验函〔2011〕175号
26	TJ/CL 398—2007	动车运用所地面电源技术条件（试行）	运装管验〔2007〕400号
27	TJ/CL 409—2015	动车组受电弓视频监控系统暂行技术条件	铁总运〔2015〕360号
28	TJ/CL 441—2015	动车组车载信息无线传输系统（WTDS）暂行技术条件	铁总运〔2015〕359号
29	TJ/CL 458—2016	动车组不落轮车床暂行技术条件	铁总运〔2016〕79号
30	TJ/DW 159—2014	动车组司机操控信息分析系统（EOAS）暂行技术条件	铁总运〔2014〕137号
31	TJ/DW 164—2014	动车段（所）调车防护系统暂行技术条件	铁总运〔2014〕260号
32	TJ/DW 190—2016	动车段（所）控制集中系统暂行技术条件	铁总运〔2016〕192号
33	TJ/XX 004—2016	中国铁路总公司信息化标准体系框架	铁总运〔2016〕76号
34	TJ/XX 005—2016	客车（动车组）运行故障图像监测联网应用技术要求	铁总运〔2016〕212号

第三节　运营需求

运营生产常被视为整个工程活动的最后一个阶段，但运营生产不是工程，之所以要研究运营生产，是因为工程设施的专业使用、维护都属于工程活动的范畴。工程设计阶段都必须考虑运营生产，工程设计的适当性和有效性在这个阶段得以实现并接受检验。以问题为价值导向,在运营中发现问题、思考问题、解决问题,采用反馈控制管理思维,优化工艺设计,使得设计成果更加适用于运营生产。因此,运营阶段也非常重要。运营生产主要研究制度管理、生产需求、作业流程、管理需求等方面。

一、动车组管理组织

动车组维修实行国家铁路集团有限公司、铁路局集团有限公司、动车(客车)段三级专业管理。

国家铁路集团有限公司负责明晰动车组相关专业管理界面;根据运输需要,规划全路动车组运用维修能力布局,统筹运力资源配置;制定动车组运用维修顶层管理规定并监督实施。

铁路局集团有限公司是动车组专业管理的责任主体,制定动车组专业管理办法,明确运输相关专业部门的管理职能,承担所属动车组运用维修的安全、质量责任。

动车(客车)段是动车组车辆运用维修工作的责任主体,贯彻执行上级相关规章制度、管理办法及技术标准。

二、一体化管理

动车运用所承担动车组检修、整备等工作,涉及车辆、机务、供电、电务、客运、运输、公安及造修企业的售后服务等多个部门,目前国内动车运用所工作采用一体化管理方式,即由车辆部门牵头,组织与管理各个单位一体化作业。

动车运用所具备一体化相关单位检修、整备作业条件,实现一体化专业调度人员合署办公,工作场所合并设置。

1. 管理部门

车辆:动车运用所牵头部门,负责动车组车辆检查工作。

机务:负责动车组司机管理。

供电:负责动车运用所接触网管理。

电务:负责动车运用所通信、信号、信息管理。

客运:负责动车组保洁、餐饮补品补充。

运输：负责动车运用所至车站动车组取送工作。

公安：负责动车运用所安保工作。

造修企业售后：一级修作业、添乘作业、二级修作业、临修故障作业、技术变更及改造试验、动车组运用信息反馈和重大故障处理。新增车型开行的前三个月，售后服务人员按照"传、帮、带"模式，指导动车运用所完成一级修作业以及添乘作业，指导完成首次二级修作业、临修故障作业、技术变更及改造试验。在质保期内，进行动车组备品、备件供给等运用信息反馈和重大故障处理。

2．车辆作业组

各专业作业组在动车运用所调度的统一指挥下开展检修整备工作，作业组主要包括运用维修班组、随车机械师乘务组，以及设备组、材料组等辅助生产班组。

运用维修班组是动车组运用维修工作的主体，承担动车组一级、二级检修和整备，负责动车组检查、维修、试验、故障处理，负责检修设备操作及日常保养，负责动车组回送、交接和试运行等工作，处理外属动车组随车机械师填报的影响运行安全的重点故障或外所委托检修的项目，对检修范围内的质量安全负责。

动车组随车机械师乘务组担负着管理和操作动车组设备、监控列车运行和设备技术状态的重要职责。随车机械师须按一次出乘作业标准值乘，正确判断、妥善处置车辆设备故障，办理相关交接，并承担部分行车组织职能。

（1）运用维修班组。

一般由4人组成，动车组一级检修时，短编组由1个作业小组实施，长编组由2个作业小组实施。

动车运用所检修班组主要有一级修组、二级修组、临修组、探伤组、设备组、材料组等，分工协作承担动车组一、二级检修等相关作业。二级修组和临修组原则上实行专岗、专人、专修。

一级修组：负责动车组的一级检修和相关更正性维修工作。一级检修以作业小组为单位，每个作业小组4人（不含辅助人员）。

二级修组：主要负责动车组二级检修及检查范围内的更正性维修。二级修组按照专业化检修的需求，设置司控、行电、走行、门窗、给水、空电等专修小组。专业化的检修小组可根据动车运用所各配属车型进行适当调整。

临修组：主要负责动车组临修故障的处理。

探伤组：主要负责动车组探伤等工作。

设备组：主要负责动车运用所地面检修保障设备操作、日常保养和维修。

材料组：主要负责动车运用所材料物资及后勤保障管理。

（2）随车机械师乘务组。

随车机械师乘务组指随车机械师，每 8 辆编组每班配备 1 名动车组随车机械师。随车机械师在动车运用过程中，携带 GSM-R 手持终端和 450 MHz 手持终端，每 2 小时巡视 1 次。随车机械师负责动车组故障处理以及信息录入。随车机械师乘务组完成的工作如下：

① 监控运行技术状态。

运行中在乘务室通过车载信息系统监控显示器，监控动车组运行及设备工作状态。

在运行途中监控动车组的技术状态，发现故障及时将有关信息通知司机，并采取措施，妥善处理。

在始发和折返站进行技术检查作业。

动车组出入所时，负责与运用所（质检员）办理技术交接，与调度员或地勤机械师办理车门集控开关钥匙交接。

② 管理和操作动车组设备。

按规定操作动车组设备设施。出所后，负责动车组的车门集控开关。在车站，列车在规定位置停稳后开启车门；开车前，根据客运乘务员通知，关闭车门。

控制车内空调换气装置，设置调节空调及换气装置运行模式。

控制车内客室照明，设置调节照明工况。

控制车内旅客信息系统显示。

指导客运服务人员正确使用车内设备。

③ 应急处理途中突发故障。

运行中发生突发故障时，积极进行应急处理。

发生危及行车安全的故障或其他紧急情况时，使用紧急制动阀停车或通知司机采取停车措施。

车载信息系统提示报警的动车组突发故障分为三类：属司机独立处置的，需加强与司机联系，了解故障处理情况；属与司机协作处置的，在司机指挥下，共同处理；属随车机械师独立处理的，处理完成后及时将情况通报司机。

记录突发故障处置情况，及时向运用所调度室汇报。

④ 承担部分行车组织职能。

运行途中因动车组故障或其他原因在区间被迫停车时，加强与司机联系、掌握情况，及时报告运用所调度室，并在司机指挥下，做好有关行车及安全防护。

动车组故障需要救援时配合司机做好救援准备工作，在司机指挥下，做好防护和引导救援机车联挂等事宜，负责安装过渡车钩、连接风管。

随车机械师在运营中配合列车长进行车内服务设施管理、人为损坏理赔等工作。

3．乘务组管理

动车组乘务组由司机、随车机械师和客运乘务人员组成。

司机负责动车组驾驶工作，随车机械师负责动车组设备维护及故障处理工作，客运乘务组负责车内客运服务。司机又分为本务司机和地勤司机。

（1）司机作业时间。

劳动时间：单司机图定旅行时间不超过 4 小时，一次乘务作业时间（包括出、退勤工作时间，立折停留时间）不超过 8 小时．动车所出勤一般需要 1 小时，车站出勤需 0.5 小时，退勤需 0.5 小时。立即折返在车站停留 20 分钟。

休息时间：司机在本段休息时间不应小于 16 小时，外段调休时间不得少于 5 小时（时间计算为到达公寓签到休息至叫班时止），外段驻班休息时间不得少于 10 小时。

（2）本务司机职责。

认真执行规章制度，服从命令。

动车组在区间故障时，负责指挥随车机械师、列车长处理有关行车、列车防护和事故救援等工作。

负责在动车运用所内与地勤司机办理动车组驾驶、列控、LKJ2000、CIR 设备及制动系统技术状态、主控钥匙交接。

（3）随车机械师职责。

见随车机械师乘务组内容。

（4）客运乘务人员职责。

在车站，确认旅客乘降情况，并通知司机关闭车门。

在列车运行过程中，负责车内旅客服务。

发生危及行车或旅客安全的紧急情况时，及时通知司机采取停车措施，或使用紧急制动阀。

（5）地勤司机职责。

负责所内调车。

三、接口管理

1. 动车组运用管理

车辆段按规定的修程修制完成动车组的运用检修,确保动车组出所时技术状态达到标准要求。机务段在动车运用所设派班室和待乘室,安排本务司机按计划出乘。

2. 动车组车载设备管理

电务段负责列控车载设备,铁通负责 CIR 设备,机务段负责 LKJ-2000 设备,车辆段负责车载广播设备检修。

3. 车内设备使用和管理

动车组配电盘、车内空调、照明及旅客信息系统等设备由随车机械师操作。自动广播装置的广播内容由客运段负责按照规定要求录制,车辆段负责输入自动广播装置,客运乘务员发现设备故障时通知随车机械师及时处理。

4. 动车组的整备和保洁管理

动车组的客运整备和车内保洁由客运段负责,车外保洁、吸污、洗车作业由车辆段负责。

5. 动车组作业计划管理

车载行车安全设备(列控设备、CIR 设备、LKJ-2000 设备)的检修、客运整备及保洁作业统一纳入动车组运用检修计划,由动车运用所统一管理。

6. 动车组调车管理

动车组出入所由本务司机负责,动车组转线及所内调车等作业由地勤司机负责。

7. 动车组交接管理

动车组入所后,本务司机和地勤司机办理技术交接,提交动车组运行状态交接单并交还主控钥匙,地勤司机与行车安全设备检修单位办理列控及 LKJ-2000、CIR 设备运行技术状态交接。

动车组出所前,由动车运用所安排质检员组织地勤司机、客运乘务人员、随车机械师及列控、LKJ-2000、CIR 设备检修单位进行出库联检,填写出库联检记录单。客运乘务人员负责车厢内服务设施完好状态的检查确认,与质检员办理交接。随车机械师负责动车组技术状态的检查确认,与质检员办理交接。有关行车安全设备检修单位负责对列控、LKJ-2000、CIR 设备进行出库检查，确认后填写行车安全设备合格证，与地勤司机办理交接。本务司机负责驾驶设备技术状态的确认，与地勤司机办理交接。

动车组在无动车运用所的车站终到、始发时，随车机械师代替地勤司机与本务司机办理动车组运行状态交接单和主控钥匙交接。

动车组继乘，由本务司机办理交接。

列控车载设备柜钥匙交接管理：列车运行中，列控车载设备柜钥匙由随车机械师负责办理运行途中本务司机根据调度命令需操作列控隔离开关时，与随车机械师联系，随车机械师做好记录；列控及 LKJ-2000 车载设备出入所检查时，由设备检测单位与动车运用所办理钥匙交接。

四、作业流程

国内外动车组的运营基本相同，采用昼间运行，夜间养护的方式。

每天早 8:30、晚 20:00（原则以夜间第一组动车组入库时间前 1.5 小时），分别在动车运用所召开由动车运用所值班领导主持的联合交班会，各专业（单位）派人准时参加，汇报和总结作业情况，协调解决作业中结合部问题，听取作业安排，领取作业计划并签认。动车运用所采用 24 小时三班制工作方式，白班以二级修为主，夜班分两班，以一级修为主。

1. 入所（轮对诊断）

根据动车组终到时刻表，排好生产计划，提前交付车站信号楼，车站信号楼值班员根据动车运用所提交的生产计划表，按照预定的时刻开放由车站至动车运用所内的进路。

为提高出入所效率，需提高发车密度，国内动车运用所出入所一般按照按行车模式办理，追踪时间可控制在 5 min 以内。由于轮对诊断设备设于出入所线上，诊断时限速 8~12 km/h，因此入所动车组运行速度较低。外局动车组一般不进行轮对诊断，通过设备时限速 30 km/h。另外即使不通过轮对诊断，由于存车场车站端一般采用 12 号道岔，侧向通过速度不应大于 60 km/h。

2. 洗　车

洗车线一般设于存车线外侧，洗车线也可接车，动车组在洗车区前需停车，等待洗车设备是否良好的提示，洗车时限速 5 km/h，洗车后可直接入库，也可在洗车区短暂停车等待。在设计中洗车区前后均可停放一列长编组动车组,并考虑信号设备技术要求。

洗车采用动态作业方式,按照一定的工序完成车侧清洗,不洗车头端面。洗车工序包括预湿喷药→药液刷抹→中水冲刷→清水刷洗。

预湿喷药:用于动车刷洗前车体表面洗涤剂喷淋。

药液刷抹:洗涤喷到车体表面后,由侧刷组和底裙刷组进行刷抹,强化反应速度,提高效果。

回水冲刷:由侧刷组和底裙刷组进行刷洗及喷管组成,首先用小量的回水刷洗,使污物更好与洗涤剂结合,起到更好的去污作用。再用大量水强力刷洗,将污物除去,达到洗净要求

清水刷洗:由侧刷组、喷管组成,经过回用水刷洗之后,需要再用洁净水进行刷洗、漂洗,达到去除污物和洁净要求,本工序采用软化后的清水。

3. 存车(司机、随车机械师退勤)

洗车完毕后,若未到一级修程,动车组折角进入存车场。若到了一级修程,动车组入库。正线司机和随车机械师在存车场或库内下车,到检查库边跨调度中心办理退勤手续。

若动车组不洗车或因洗车线繁忙未洗车,动车组入所后直接进入存车场。

正线司机退勤后,所内的调车作业由地勤司机完成。不同的动车运用所对正线司机和地勤司机的交接班地点略有不同。

4. 所内调车入库

在所内调车作业不纳入车站信号楼控制,而由所内信号楼调度室控制,能有效联络,便于管理,提高调车效率。

5. 库内一、二级修作业

动车组在检查库内完成一、二级修作业。进入轨道桥限速 10 km/h,一、二级修作业内容及流程详见 3.3.5 节。

6. 客运整备作业

客运整备作业可与一、二级修同步作业。包括卸污、上水、车顶绝缘子清洁、头车清洗等。

国内大部分动车运用所将卸污、上水设于库内,少部分动车运用所设于库外整备场,每两线设一套固定式真空卸污设备、自动上水设备,在动车组单侧作业即可。

车顶绝缘子清洁、头车清洗一般采用人工擦拭的方式,车顶作业通过三

层作业平台登顶清洁绝缘子,头车清洗可通过长拖把完成。

7．临　修

动车组临修故障是指动车组转向架、受电弓以及空调设施等主要零部件发生影响乘坐舒适度、运行平稳性以及运营安全等方面的临时性、突发性故障或损坏。

临修作业时,动车组不扣修仍然担当运输任务,属于非计划性检修作业内容。动车组临修设施应具备快速诊断、互换修理动车组临时性故障和损坏部件的功能。

（1）更换零部件。

由于临时故障,在临修库内完成转向架、轮对、受电弓、玻璃、括雨刷、车灯等零部件更换作业。临修库内配置了转向架更换设备、顶层作业平台、窗户检修设备以及压缩空气管道等。动车组通过转向架更换设备限速5 km/h。

（2）不落轮镟修。

由于临时擦伤等原因可在临修库内完成不落轮镟修车轮作业。或者到定期镟修时间,完成全车镟轮作业,轮径到限数据详见表1.1～表1.5。

临修库内配置了不落轮镟车床设备,一般按照双轴配置,为提高生产效率,目前工程建设多将在线轮对探伤设备布置在不落轮镟线上,两个设备作业时间相当,检修周期相当,共线设备缩短了一半作业时间。通过设备限速5 km/h。

8．出库存车

在检查库完成一、二级修作业后,根据调度计划,地勤司机将动车组送至存车场,等待正线司机出勤发车。为保证运行的通畅性和安全性,可将库门与信号灯进行联锁,具体做法如下:

（1）检查库出库端的第一架调车信号机与库门信号联锁,如调车信号未开放,则库门信号不能开放。

（2）检查库出库端的第一架调车信号机显示复示给调度中心,调度中心根据复示的调车信号机显示开放库门信号。

通过联锁与复示显示,可有效解决信号错误开放问题,以及调度中心与信号楼值班员频繁进行作业的联系问题。

9．司机、随车机械师出勤

在收到调度中心出勤通知,司机在存车场上车出勤,司机一般沿动车组巡视一圈，在司机室内完成制动等试验后发车，根据列控车载设备显示运行。

五、库内一、二级修

动车运用所承担动车组整备，一、二级修，临修和存放作业，其中一、二级检修是重要的内容。

1．检修内容

一级检修是对运用动车组的车顶、车下、车体两侧、车内和司机室等部位实施快速例行检查、试验和故障处理的检修作业，须在动车运用所检查库内实施。二级检修是对动车组各系统、零部件实施的周期性维护保养、检测、试验，不得漏项、超期。检修项目见表 3.5。

表 3.5 一、二级修作业内容

检修项目	检修要求	一级	二级
1. 转向架			
（1）轮对	检查	√	√
	诊断	√	√
（2）轴箱及定位装置	检查	√	√
（3）空气弹簧及附属装置	检查	√	√
（4）油压减振器	检查	√	√
（5）构架	检查	√	√
（6）排障器	检查	√	√
（7）牵引电机	检查	√	√
（8）联轴节	检查	√	√
（9）齿轮箱、速度传感器	检查	√	√
（10）盘形制动装置	检查	√	√
（11）制动管系	检查	√	√
（12）抗侧滚扭杆	检查	√	√
（13）牵引装置	检查	√	√
（14）接地回流装置	检查	√	√

续表

检修项目	检修要求	一级	二级
2. 制动装置			
（1）基础制动装置	检查	√	√
（2）供风管系	检查	√	√
（3）空气压缩机及附属装置	检查		√
（4）制动试验	试验	√	√
（5）综合制动试验	测试		√
3. 头车外部设备			
（1）前罩	检查	√	√
（2）排障器	检查	√	√
（3）车载信号接收器	检查	√	√
（4）盖板机构、自动车钩	检查		√
	测试		√
（5）AC 380 V 连接器座	检查		√
4. 车端连接装置			
（1）半永久车钩	检查		√
（2）电气连接器	检查	√	√
（3）跨接连接线	检查	√	√
（4）车钩油压减振器	检查	√	√
5. 车下设备			
（1）车底架各梁	检查		√
（2）蓄电池及箱体	检查		√
（3）牵引电机风机	检查		√
（4）牵引变流器及附属装置	检查		√
（5）辅助变流器及附属装置	检查		√
（6）配电箱	检查		√
（7）空调装置	检查		√
（8）滤波器箱	检查		√
（9）主变压器及冷却装置	检查		√

续表

检修项目	检修要求	一级	二级
（10）主空气压缩机装置	检查		√
（11）辅助空气压缩机装置	检查		√
（12）制动控制装置	检查		√
（13）水箱、污物箱	检查		√
6. 车体			
（1）车体外墙板、侧裙板、玻璃及车底板	检查	√	√
（2）车外显示屏及各液位指示灯	检查	√	√
	测试		√
（3）内外风挡	检查	√	√
（4）外门	检查	√	√
（5）外门开关功能	试验	√	√
（6）外门综合性能	测试		√
7. 司机室			
（1）驾驶台设备	检查	√	√
（2）驾驶台附属设备	检查	√	√
	测试		√
（3）行车安全设备	检查	√	√
8. 车内设备			
（1）乘务室设备	检查	√	√
	测试		√
（2）车厢内显示屏、液晶电视及各指示灯	检查	√	√
（3）厕所设备	检查	√	√
（4）小卖部吧台设备	检查	√	√
（5）电茶炉	检查	√	√
（6）照明、空调、通风、座椅、车窗、玻璃、窗帘、扶手、行李架、大件行李存放架、各指示牌	检查	√	√
（7）紧急破窗锤、灭火器	检查	√	√
（8）车内各门、风挡及附属设施	检查	√	√
（9）车内地板、墙板及顶板	检查	√	√
（10）配电柜	检查		√

73

续表

检修项目	检修要求	一级	二级
9. 车顶设备			
（1）受电弓	检查	√	√
	测试		√
（2）无线电信号天线	检查		√
（3）车顶空调装置	检查		√
（4）特高压装置	检查	√	√
（5）网侧断路器	检查	√	√
（6）车顶盖板	检查		√
10. 列车控制和管理系统	测试		√
11. 系统测试：视频娱乐系统	测试		√
12. 系统测试：乘客信息系统	测试		√

2．检修模式

动车组检修可采用"无电（可接外接电源）—有电"或"有电—无电—有电"作业模式。动车组检修时，短编组由 1 个作业小组实施，长编组由 2 个作业小组实施。

备用动车组累计备用时间超过 48 h，检修动车组修竣后，上线运营前须进行一级检修。动车组一级检修原则上应在本所进行。确需入外所检修时，局管内的由铁路局集团有限公司批准，跨局的由国家铁路集团有限公司批准。动车组入外所检修时，配属段须与承修段签订委托检修协议，明确质量、安全责任、检修费用等相关内容。

3．检修作业分工

检修作业小组人员 4 名，自检自修。其中①、② 号负责车内设施、司机室设备、车载信息系统、车顶设备检查及相关性能试验及维修。③、④ 号负责车体、裙板、底板、转向架、钩缓连接、制动等下部检查、维修及外门试验的动作确认。

4．检修作业路线图

（1）车顶作业路线（①、② 号作业流程，见图 3.3）。

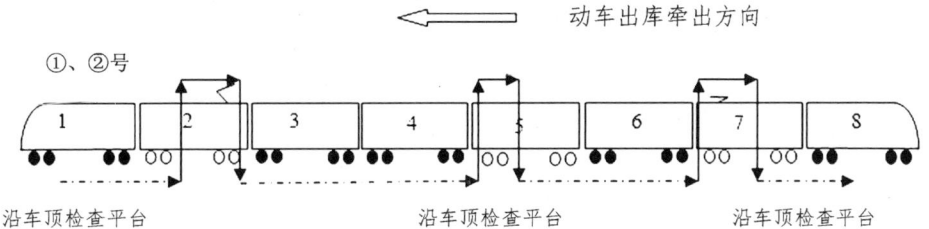

图 3.3 动车组车顶作业路线

（2）车内作业路线（见图 3.4）。

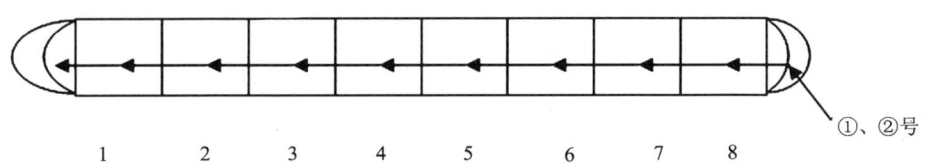

图 3.4 动车组车内作业路线

（3）车下作业路线（③、④号作业流程，见图 3.5）。

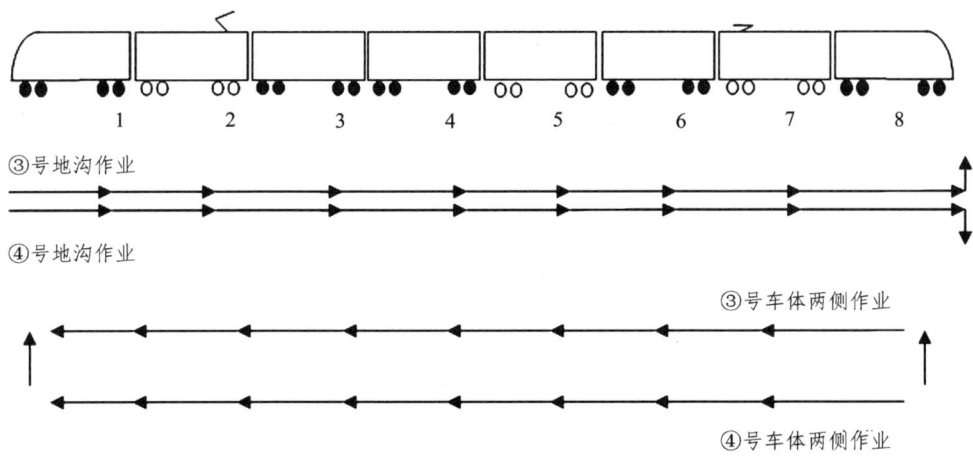

图 3.5 动车组车下作业路线

5．作业步骤

具体检修作业步骤见表 3.6。

表 3.6 作业步骤表

步骤		作业内容
接触网供电前检修	步骤一	①、②、③、④号共同到值班室接受作业计划、掌握运行故障及维修重点，检查检修工具后列队出发，在检查库等待动车组到达
	步骤二	①、②号与乘务员进行动态交接，③、④号共同插设安全标志
	步骤三	①号进入司机室降下受电弓，②号在车下确认受电弓降下
	步骤四	①、②号共同办理接触网断电
	步骤五	①、②号进行车顶设备检修，后转入司机室进行静态检查；③、④号进行地沟及车体两侧检修作业
接触网供电后检修	步骤六	①、②号办理接触网供电，升起受电弓（升弓前用对讲机知会③、④号）
	步骤七	①、②号进行司机室设备通电检查试验和车内设备检修；③、④号继续进行地沟及车体两侧检修作业
	步骤八	①、②号在两司机室分别进行外门开关试验时，通知③、④号确认外门动作显示
	步骤九	①、②号在司机室降下受电弓将动车组转入停放模式，③、④号撤除安全号志
	步骤十	①、②、③、④号会合后共同到值班室，报告作业情况，等待下次作业

六、管理需求

从管理的角度分析，动车运用所生产管理的主要目标是：物流通畅、人流便捷、信息共享。

1. 物　流

物流是物品从供应地向接收地的实体流动过程中，根据实际需要，将运输、储存、装卸搬运、包装、流通加工、配送、信息处理等功能有机结合起来实现用户要求的过程。动车运用所内的物流并不复杂，主要考虑零部件需存放、搬运。

（1）存放场所。

① 消耗品。

动车组有很多消耗品，主要消耗品包括闸片、研磨子、碳滑条、齿轮箱油、密封剂、精密电子仪器清洗剂、生物降解剂等。

检查库边跨设置了立体仓库、零部件存放间，配置了立体仓库、货架，以及配套的起重机等设施，满足零部件的存放需求。

② 转向架、轮对。

在临修库内，设置存轮线，存放良好以及故障转向架和轮对。

③ 检测设备。

动车运用所配置了大量的移动式检测设备，存放在检查库边跨内，按照功能分间存放。

④ 检修工具。

动车所设置了工具存放库。

（2）物品搬运。

动车运用所内物品采用叉车、搬运车、人工运输。

2 t 蓄电池叉车：搬运货物箱、动车组大型配件（蓄电池、变压器、受电弓）。

2 t 蓄电池搬运车：搬运需配送至现场的闸片、碳滑条、工器具。

2．人　流

人员流动需考虑便捷、舒适，满足人机工程学原理，研究人在工作环境中的解剖学、生理学和心理学等方面的各种因素，满足人的健康、安全和舒适性需求，力求使机器适应于人，实现人、机和环境的和谐统一，从而获得系统的最高综合效能。

（1）人机工程概述。

人的心理活动包括感觉、知觉、注意、记忆、思维、情感、意志、性格、意识倾向等方面。人类常见行为习性有抄近路习性、识途性、左侧通行、左转弯习性、从众习性、聚集效应、人的保持距离等。通过研究这些习性，从中得到启发，开展工程设计。

（2）生产及生活场所。

动车运用所生产场所包括检查库、临修库、不落轮镟库、洗车控制室、轮对诊断控制室、空压机间、存车场。生活场所包括食堂、浴室、单身宿舍、公寓、门卫等。

生产场所考虑作业环境的舒适性，考虑通风、空调、降温、降噪、照明等人机工程学需求。生产车间要考虑通风、降温措施，生产车间和作业场所的工作地点的噪声标准为 85 dB，检查地沟等生产场所应设置照明设施。

动车组司机公寓设置在出退乘距离较近、环境安静的处所，公寓用房主要由居室、公共活动室（包括学习室、文娱活动室、阅览室、电视间）、食堂、办公管理用房和设备用房等组成，司机按照单人间设置，随车机械师可按双人间考虑。当然也不能片面追求舒适性，造成工程浪费，办公房间设置空调，班组间及办公靠近生产场所，国内通用做法是设置在检查库边跨。按《党政机关办公用房建设标准》，处级每人使用面积 12 m^2，机关直属科级 9 m^2，科级 6 m^2。多层办公建筑标准层层高不宜超过 3.3 m。

（3）走行径路。

动车所司机一般在夜间走行上班，应有从公寓到出乘间至存车场通畅的走行通道。公寓距离出乘点超过 3 km 的，要安排接送车辆。从出乘点至存车场应考虑设置走行便道、登车梯、照明指示。

库内、存车场考虑设置消防疏散通道。

检查库实现安保管理，一般采用一卡通闸机通行。

室外干道要通畅、安全，尽量减少铁路与公路的交叉。交叉时，应避免动车组长期占压道路。

动车运用所一般占地 33～66 hm^2，长度约 3 km 左右，为便于人员走行，应设置接送车。

3．信息流

信息流的设置主要考虑共享，减少重复劳动，以提高工作效率。

（1）动车组检修运用管理信息系统。

动车运用所设置了动车组检修运用管理信息系统，系统主要完成动车组检修和运用信息管理功能，包括调度管理、作业管理、技术管理与支持、安全质量管理、物流管理、设备管理、统计分析以及财务与成本管理、人力资源管理等功能。

（2）信息系统设备联网。

所内自动化设备、信息系统设备可与动车组管理信息系统实现信息共享。

（3）对讲机。

所内生产配置对讲机，便于人员信息交互。

（4）电话交互。

调度中心与所内信号楼值班员、车站信号楼值班员均能通过电话交互。

（5）设备联锁控制。

所内设置了多处安全设备，需考虑安全联锁。如三层作业平台的门禁、在线轮对探伤与不落轮镟车床、公铁两用车互锁，检查库大门与信号互锁，调度室复示。

第四节　设备技术

动车运用所主要完成对动车组的检查、临修、定期镟修、整备作业。

检查作业主要采用视情检修方式，又称状态修，是按装备实际技术状况来确定检修时机。在检查、检测、监控其技术状况的基础上确定装备的最佳检修时机。这种检修方式是靠不断监测和分析装备的某些参数和状态数据来决定检修时机和项目的。视情检修适用于故障初期有明显劣化征兆的装备，要求有适当的检测手段并能制定出技术状况标准。这种检修方式是一种按需检修的方式，它的优点是针对性强，可以充分发挥装备的工作寿命，提高检修的有效性，减少检修工作量和人为差错，但是费用较高，需要适当的检测、诊断条件和较高的检修人员素质。

临修作业采用事后检修方式。事后检修又称修复性检修和故障修，是指装备发生故障后，使其恢复到规定状态所进行的检修活动。装备发生故障后的修复性检修可分为即时修理和延迟修理，对于那些不影响安全和生产任务的可继续使用，严加监控，延迟修理。

定期镟修作业采用定时检修方式。定期镟修是以车轮使用时间作为检修期限，只要车轮运行达到了预先规定的走行里程，不论其技术状态如何，都要进行规定的镟修工作，这是一种强制性的预防性检修。定时检修的关键是如何确定检修周期。正确的大修时机应该是偶然故障阶段的结束点，即在故障率进入耗损期急剧上升之前的时间点。定时检修方式的优点是便于安排检修计划，检修组织管理工作比较简单、明确。缺点是只适用于已知寿命分布规律，并且有耗损故障期的装备，这种装备的故障与使用时间有明确的关系。定时检修方式对于那些没有损耗期的复杂装备不适用。另外，定期检修中的大拆大卸也不利于发挥机件的固有可靠性。

整备作业是完成对动车组卸污、上水、车体清洗、客运保洁等补给物料、清洁等作业。

相比镟修和整备作业，检查和临修作业内容相对复杂，需采用先进的检测诊断技术，对动车组的状态参数进行采集，提取准确的基础数据，通过专家诊断系统对动车组的状态进行准确判断，以保障动车组运行安全。因此，检测设备是动车运用所中极为重要的设备。

检测技术是了解和掌握设备在运行过程中的状态、评价、预测设备的可靠性，发现故障，并对其原因、部位、危险程度等进行识别，预报故障的发展趋势。对主要特征信号进行检测、变换、记录、分析处理并显示、记录，是对设备进行故障诊断的基础工作。检测的信号主要是机组或零部件在运行中的各种信息（振动、噪声、转速、温度、压力、流量等），通过传感器把这些信息转换为电信号或其他物理信号，送入信号处理系统中进行处理，以便得到能反映设备运行状态的特征参数，从而实现对设备运行状态的监测和下一步诊断。

一、检测类型

机械故障检测的类型很多，可以概括为以下几方面：

1．定期检测和连续检测

定期检测是指每隔一定时间间隔对工作状态下的机械进行常规检查和测量检测。它不同于定期维修。定期维修是每隔一定的时间间隔，不管机械的状态如何，都要对机械进行维护修理，更换关键零部件。而定期检测则是每隔一定的时间间隔对机械进行测量和检测，若检测中发现机械有故障时才进行修理。

连续检测是采用仪器及计算机信号处理系统对机械的运行状态进行连续的监视或检测，因此，连续检测又称连续监测、实时监测或实时检测。

动车组一、二级修采用定期检测，动车组车载网络控制采用实时检测。

2．直接检测和间接检测

直接检测是直接确定关键零部件的状态，如轴承间隙、齿轮齿面磨损轴和叶片的裂纹、腐蚀环境下管道的壁厚等。直接检测迅速而且可靠，但往往受到机械结构和工作条件的限制而无法实现，一般仅用于机械中易于测量的部位。

间接检测是利用机械产生的二次信息来间接判断机械中关键零部件的状态变化，如用润滑油的温升反映主轴承的磨损状态，用振动、噪声反映机械的工作状态等。二次信息属于综合检测信息，因此在间接检测中可能出现伪警或漏检。

3．简易检测和精密检测

简易检测是用比较简单的仪器、方法对机械总的运行状态进行检测，给出正常或异常的判断，主要用于机械性能的监测、故障劣化趋势分析及早期发现故障等。

精密检测是针对简易检测中判断大概有异常的机械进行的专门的检测，以进一步了解机械故障发生的部位、程度、原因，预测故障发展趋势。精密检测需要较为精密的仪器才能进行。它的主要目的是分析机械异常的类型、原因、危险程度，预测其今后的发展。

4．在线检测和离线检测

在线检测是对现场正在运行中的机械进行实时检测。离线检测是记录现场测量的状态信号，此后再结合检测对象的历史档案作进一步分析和检测。

二、检测流程

检测诊断技术是一种在不拆卸的情况下，用设备获取有关参数和信息，并据此判断机械运行状态的技术手段。基本流程如图3.6所示。

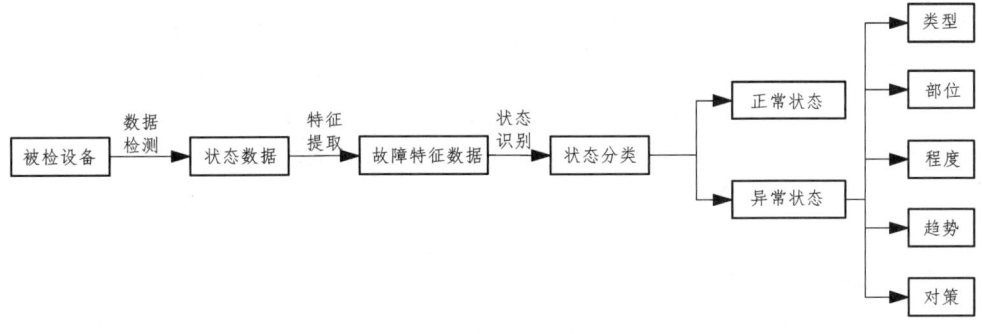

图3.6 检修技术流程

1．数据提取

选择合理的检测对象和适当的传感器，对运行中机械的状态进行正确的测试，获取状态数据。状态数据是设备异常和故障信息的载体，采集足够数量的客观反映诊断对象运行状况的状态数据是故障诊断成功的关键。

2．数据处理

在机械运行过程中，一般故障信息是混杂在背景噪声中的。为了提高故障诊断的灵敏度和可靠性，必须采用数据处理技术，去除噪声干扰，提取有用故障信息，以突出故障特征。

3．状态识别

对反映机械故障特征的信息进行分析、比较、识别、判断机械运行中有无异常征兆，进行早期诊断。若发现故障，需判明故障位置和故障原因。

4．预报决策

经过判别，属于正常状态的可继续监视，重复以上流程；属于异常状态的，需进一步对机械异常或故障的原因、部位和危险程度进行评估，预测机械运动状态和发展趋势，提出控制措施和维修决策。

三、数据提取技术

按照状态信号的物理特征，信息获取方法主要有以下几种：

1．振动检测

振动是机械运行过程中的重要信息。运行机械和静止机械的重要区别在于运行过程中机械产生了振动，振动反映了机械的工作状态。振动检测以机器振动作为信息源，通过振动参数的变化特征判别机器的运行状态。

在设备运行过程中总是伴随着振动，即使在设备正常状态下，由于机械制造和安装中的误差或其本身的性质也会产生振动。例如，机械设备中旋转部件的质量中心与其回转轴线不重合时会产生离心力，离心力对设备构成谐波激振。制造和安装不良的齿轮、丝杠等传动机构由于传动的不均匀性会产生周期性的激振力。工作载荷的波动作为冲击激励，会激起机械系统的自由振动。路面的不平对车辆悬挂系统而言是随机激励。

当机械出现异常时，相比于正常状态振动量波形和频率成分会发生变化，每一种引发异常振动的故障源都对设备施加不同的激励，因而产生的振动信号具有不同的特点，这是故障判断的依据。

振动诊断是指对正在运转的机器设备进行监测，测量机械系统某些选定点上的振幅（位移、速度和加速度）、频率、相位、振动的时间历程和频谱等参数，如果是对于非工作状态的机器则需进行激振，分析得到相关信息，从而辨别机器故障。

噪声是机械运转过程中不可避免的产物，即使在设备正常状态下也会产生噪声。当设备零部件发生磨损、变形、裂纹等物理变化时，其声音信号的特性会发生变化。噪声增大、频率成分的改变意味着机械性能下降、故障出现，通过噪声测量分析装置能够对机械设备进行状态监测与故障诊断。

2．声学检测

以机械噪声、声阻、超声、声波、声发射为检测目标，通过分析声学信号强度与频率的变化特征判别机器的运行状态。

3．油液检测

使用过的润滑油或冷却液中磨损残余物及其他杂质的形状、大小、数量、粒度分布及元素组成反映了机械零件在运行过程中的完好状态。可以通过检测油品的理化性能、铁普分析、光谱分析等判别机器的运行状态。

4．温度检测

对于电机电器、电子设备等，可以在机器运行过程中以可观测的温度、温差、热图像等参数作为信息源，根据其变化特征判别机器的运行状态。

某些设备运转状态是否正常会在温度上有明显的反应，根据温度值的变化可以了解机电设备的运转状态，进行状态监测检修。

温度的测量一般是利用物体的某些物理性质，如热胀冷缩、热电效应、热辐射等进行间接测量。测温方式有接触式与非接触式两大类，通常接触式测温仪器比较简单可靠，测量精度高，但是需要与被测对象进行充分的热交换，需要一定时间才能达到热平衡，并且测量范围受材料耐高温性能的限制。非接触式通过热辐射原理测量，不需要与被测对象接触，也不会破坏被测对象的温度场，反应速度一般比较快，可用于高温、远距离、腐蚀性、导热性差的、微小的、热容量小的、高速运动的、带电的以及温度动态变化的物体的温度测量，但精度受物体的发射率、测量距离、烟尘和水汽等因素影响。

5．电气参数检测

对于输变电设备、电力电子设备、电工仪表等，可以在机器运行过程中，通过电流、电压、电阻、功率、电磁特性、绝缘特性等电气参数的变化特征判别机器的运行状态。

6．表面形貌检测

对于某些设备及零件的表面损伤，可以通过对其表面层显微组织、残余应力、裂纹变形、或点、凹坑、色泽等表面形貌进行检查，研究变化特征，判别机器设备存在的故障及形成原因。

7．强度检测

对于载运工具和各种工程结构，可以通过对应力、应变、载荷、扭矩等强度参数进行检查判别机器的运行状态。

8．无损检测

利用声、光、电、磁、热以及核辐射效应等均可在不破坏被测对象结构完整性的前提下实现对材料内部损伤的探测以及材料厚度、物质密度等参数的测量，这种测量称为无损检测。无损检测是工业发展必不可少的有效工具，在一定程度上反映了一个国家的工业发展水平，无损检测的重要性已得到公认。常用的无损探伤技术有以下几种：

（1）磁粉探伤：当铁磁性材料零件置于均匀的磁场中时，如果零件内部组织均匀一致，则磁力线通过的方向一致并呈均匀分布。如果零件内部有裂纹、空洞，以及存在非铁磁性夹杂等缺陷或零件内部组织不均匀时，由于这些缺陷磁阻增加，从而导致磁力线产生偏转，使有缺陷部位的磁力线方向发生改变，产生漏磁现象。若此时在零件的表面上均匀地撒上铁粉，则会看到有缺陷部位上铁粉分布情况与正常情况出现明显不同，故能清晰地显示出零件的内在缺陷。磁粉有普通磁粉和荧光磁粉两种，常用的是普通磁粉，荧光磁粉只能在有荧光装置的设备上使用。磁粉的使用方法分为干磁粉法和磁粉液法。干磁粉法不受条件限制，使用简单，适于非试验台上使用，磁粉液法显示清晰度高，因此在探伤机上均采用磁粉液法。经过磁粉探伤的零件，应进行退磁处理，否则在工作时会吸引铁屑，造成外加的磨料磨损。

（2）渗透法探伤：这种方法是利用渗透能力很强的液体渗入与零件表面相通的内在微观缺陷中，然后用水将零件表面的渗透液清洗干净，此时缺陷中的渗透液则在向上毛细管作用力下，产生向表面运动的现象。这时，在零件表面加上一层薄的显像剂，使缺陷中的渗透液被吸附到显像剂中并扩散，便可根据渗透液的不同而得到不同的显示结果。探伤时若用红色的渗透液，则可在白色的显像剂中，看到红色缺陷痕迹，这种方法称为着色法。如果采用含有荧光物质的渗透液，则在用紫外线照射时，可在缺陷部位观察到明显的荧光，这种方法称为荧光法。

（3）超声探伤：超声探伤是机械状态监测与故障诊断中应用最广泛的技术之一，包括超声波诊断与发射诊断。

9．光学检测

光学检测以亮度、光谱和各种射线效应为检测目标。

10．压力检测

在机器运行过程中，以机械系统中的气体、液体压力作为信息源，检测压力参数的变化特征判别机器的运行状态。

四、数据处理技术

数据处理的目的是把获得的信息通过一定的方法进行变换处理，从不同的角度提取最直观、最敏感、最有用的特征信息。机械设备故障诊断的基本方法主要有以下几种：

1．性能指标诊断法

机械的性能指标反映了机械的工作状态和工作性能，可以用来判断机械的故障。机械性能测量包括整机性能测量和零部件性能测量。整机性能测量是测量机械的输出，如功率、转速等。零部件性能测量是测量关键零部件的性能，如应力、应变等。

2．频域诊断法

这种诊断法应用频谱分析技术，根据频谱特性变化，判别机器的运行状态及故障形成原因。

3．时域分析法

这种诊断法应用波形分析、时间序列分析、统计分析等时域分析法实现状态监测与故障诊断。

4．信息理论分析法

这种诊断法应用信息理论建立特性函数，根据机器运行过程中的变化进行状态分析与故障诊断。

5．人工智能方法

这种诊断法包括模式识别法、人工神经网络、专家系统等现代诊断方法。

五、状态识别

在数据处理的基础上,根据数据反映设备运行状态的征兆或特征参数的变化情况,有时还需要进一步与某些故障特征参数进行比较,以识别设备是运转正常还是存在故障。如果存在故障,要诊断故障的性质和程度、产生原因或发生部位,并预测设备的性能和故障发展趋势。

第五节 工艺设计创新方法

根据工程演化理论,工程演化动力系统的"力学模型"由推力、拉力、制动力、筛选力构成。铁路工程工艺系统是以强大的市场需求为拉力,设备供应为推力,规范为制动力,运营生产为筛选力组成的力学模型,如图 3.7 所示。

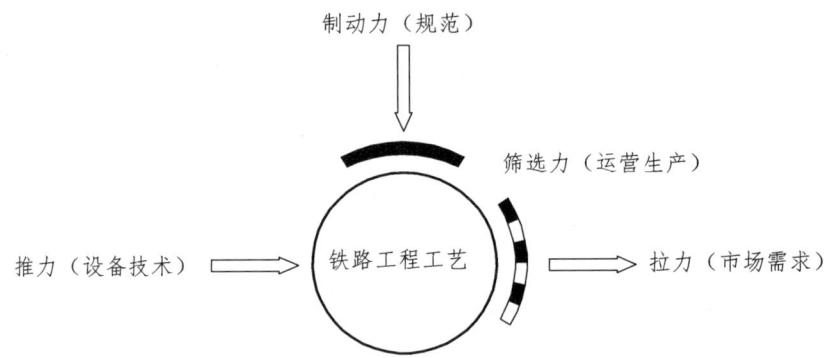

图 3.7 铁路工程工艺系统演化动力系统"力学模型"

市场需求体现了顶层设计,由铁路集团和国家铁路局总体规划。基于力学模型,工艺设计创新可以从规范标准、运营生产、设备技术三个方面入手。

一、基于设计标准的设计创新

规范是对于某一工程行为因无法精准定量而进行的信息规定,依法合规是设计行业的基本准则。规范是基于目前成熟技术而设定的,规范具有现有性和滞后性等特点，由于运营生产的独特性以及技术的快速发展，部分规范已不能很好地适应生产需求。基于标准的工程设计创新主要体现在以下几个方面：

1. 规范内容的商榷

目前，动车运用所存车场一般采用行车模式接车，根据信号规范，存放两列短编组动车组的存车线有效长需不小于 630 m，而两列短编组动车组长度最长仅为 430.6 m，也就是说，当一条存车线停放两列短编组时，需要近 200 m 的信号防护距离。造成这种情况的主要原因是信号行车模式是按照速度曲线，为保证极端情况下，也即司机未操作制动情况下，通过地面应答器组的数据，也能触动动车组转入自动制动模式，保证安全停车，因此在应答器后设置了足够的制动长度。该方案占用了大量土地，与城市寸土寸金的现状不相符。另外动车组入所时经过轮对诊断设备，该设备的制造技术要求限速 8～12 km/h，以如此低的速度进入存车场，完全可以通过司机目视停车，是否需要如此苛刻的技术保证，有待进一步商榷。

2. 规范盲区的商榷

根据《建筑防火设计规范》，规定了生产厂房 16 000 m² 的消防要求，但是目前国内标准四线检查库面积已经超过 16 000 m²，无规范可循，因此每个项目均组织了消防专家评估。面对大规模的建设动车运用所的情况，能否在全路一次评审，统一做法，可避免重复劳动，大幅缩短设计工期。

3. 作业时间的商榷

日本和德国高铁动车组一级修仅需 1 h，而中国需要 4 h。若作业时间可以压缩到 2 h，原则上，检查库面积可以减少一半，大大节约了工程投资。

4. 标准的修订和突破创新

工程设计就是在不断突破现有规范的基础上向前发展的，设计与规范形成了螺旋式上升的关系。标准指导设计，设计引领标准，如将洗车设备取消端洗，不落轮镟库和临修库共库设置等，体现在修订设计规范中。因此在工程设计中，不应拘泥于现有的规范、标准，应基于生产需求、方案研讨、技术探索等方面，大胆提出疑问、异议，工程建设就是在不断探索中走向卓越与跨越。

二、基于运营生产的设计创新

设计回访和后评价对工程设计具有强大的反哺作用,回访可以发现问题,发现需求,发现创新点。近年来,设计回访和后评价逐渐引起设计行业的重视,成为工程设计必要的一项工作。

1. 运营生产对工程设计提出更多的要求

运营生产是工程物实现工程效果的过程,是最能发现问题、提出问题的,主要体现在以下几个方面:

(1)功能性需求。技术规范、设计标准无法覆盖所有的生产要求,运营单位根据生产现场提出一些功能性需求。例如,原设计检查库内接触网不设接地杆,运营单位根据安全生产需求增设接地杆,纳入安全联锁设备增设该功能。

(2)人机工程需求。按照人机工程原理,从人性化要求出发,现场生产对员工的舒适性、便捷性提出更高的要求。例如,原设计的接触网有/无电显示牌设于库房两端,为避免生产人员在有电状态下误实施车底检查作业,运营单位在轨道桥安装了灯带,用红/绿灯显示接触网有/无电。

(3)适应管理制度需求。不同的运营单位管理制度不同,提出相应的需求。例如,最初检查库边跨进出通道开门按照一般的双开门设置,在实际运营中,为了便于管理,通道处通常设置了安检设备,这样,双开门门洞偏小。在后期工程设计中选择9 m宽门廊,设置安检通道,并考虑安检设备安装位置,以及值班人员办公场所,有效提高了美观性和实用性。检测照明灯增设录音、录像功能,纳入员工生产考核,标准化作业,追溯性强。

2. 研究运营生产与工程设计的不同,特别是整改、完善的内容

工程运营生产相比工程设计,更具有包容性,运营生产在使用工程建造成果的过程中,为更好地适应生产需求,会进行一些整改。认真研究工程整改,剖析其原因、效果,这样可以引起设计工程师反思。

例如,最初的动车运用所没有设计登车梯,司机下车需通过随车爬梯,上车则只能自行攀爬,给司机带来不便。运营单位在现场设置了固定式登车梯、停车牌,方便了司机停车、上下车。这样在后期的工程设计中均设置了登车梯、停车牌,另外设置了股道标牌,便于司机准确登车出乘。互锁设备可将不落轮镟车床与轮对探伤设备、公铁两用车联锁,有效解决了三个设备

互锁联动需求。为提高用户体验,,进一步增设了基础坑声光显示装置,适应了人机工程原理,使得互锁设备功能更加完善、成熟。

运营单位在生产中倡导创新生产,提出很多创新设施或设备,满足了生产功能、提高了生产效率,达到良好的效果。例如,成都动车段为保证动车组出库安全,将库门信号灯与室外道岔联锁,在逻辑上,只有在室外径路开放时,才能点亮库门信号灯,避免了动车组误出库。针对滤网设备清洗效果不佳的情况,改为人工清洗,并设置了室外晾干区。

三、基于设备技术的设计创新

设备是工艺设计功能实现的实物载体,从工程投资而言,工艺设备投资约占总工程投资的 1/3。因此设备选型是工艺设计的重要内容。

1．满足适用性、简易性、合理性

基于设备制造,面向生产需求,设备构造应使用方便、简单易用,满足人机工程学原理,承载检修功能需求。

例如, LU 设备(移动轮辋轮辐探伤系统)探头小型化,避免了探伤前拆卸撒砂管、扫石器等部件,有效地提高了探伤的工作效率。

移动电源车具备多车型兼容性、工程造价低等特点,同时体现了人机工程学原理,使用便捷。

2．重视需求性,拓展新设备

现场生产可能提出新的需求,包括功能整合需求、需求谱系化、生产新需求,可以拓展新设备,更好地满足生产。先进的技术可以提高精确度,引起工艺流程的修改。

例如,便携式轮对综合尺寸检测系统设备,整合了测量车轮外形尺寸、轮对内侧距、轮径、制动盘、不圆度、等效锥度等功能,一机多用,大大减少了工程投资,具备较好的工程效果。

列车仿真驾驶培训系统具有简易版、不带运动平台实物模拟版、六自由度运动平台全仿真版三种款式,形成谱系化产品,可以适应不同工程需求。

3．探索智能化发展方向

随着科技的发展,检修智能化需求逐渐出现在运营单位的管理和生产层。动车组原始技术资料、运用资料、检修和故障等有关数据都由计算机存储和管理,还引入了办公信息化管理、仓储管理计算机、过程管理监控等。这些新技术简化了作业流程,节约了时间和人力,提高了作业的安全性和可靠性。

运营现场对大数据、信息共享、实时监测、智能监测等需求高涨,智能化技术可以有效提高生产效率,保证监测质量,动车运用所逐渐向智能化方向发展,应用大数据、深度学习、故障预测与健康管理、增强现实等先进技术,实现技术装备的全过程管理。

但数据的互联互通、可信度、智能化尚未形成系统,缺乏成熟的顶层设计,智能化动车运用所有待进一步发展。

第四章 工艺专业设计

工艺专业设计的主要内容包括：功能定位、工作量计算、规模设计、总图布置、生产房屋设备（设施）布置、设备选型等。

第一节 功能定位

动车运用所是承担动车组日常维修的设施，保障动车组准点开行、安全运行，一般设置在省会城市和始发量较大的地级城市高铁客运站附近。对于省会城市，一般布置多个客运站，比如成都设置有成都、成都东、天府、成都西、成都南等客运站，动车运用所一般只办理与其连接的车站始发动车组业务，尽量避免兼顾其他车站，以减少空走距离和对枢纽内通道的干扰。

第二节 工作量计算

对拟设计动车运用所确定配属动车组，计算检查线和存车线数量。

1. *动车组运行方案*

对于 250 km/h 线路标准的高速铁路，动车组日车里程为 2 000 km，若双方均设有动车运用所，动车组交路距离一般不大于 2 000 km；若仅有一方设有动车运用所，由于需采用立即折返作业，动车组交路不大于 1 000 km。

对于 350 km/h 线路标准的高速铁路，动车组日车里程为 3 500 km，若双方均设有动车运用所，动车组交路距离一般不大于 3 500 km；若仅有一方设有动车运用所，由于需采用立即折返作业，动车组交路不大于 1 750 km。

2. *动车组配置原则*

检查线、存车线工作量计算与动车组配属方案相关，动车组配属在担当交路的动车运用所。

若开行径路双方均设有动车运用所时，原则上按各自一半承担交路，相应各自配属一半动车组。

若开行径路仅有一方设有动车运用所，由设有动车运用所的一方承担交路，动车组全部配属在担当交路的动车运用所。没有动车运用所的一方根据开行数量，适当设置存车线，用于高峰时段发车需求。

若开行径路双方均没有动车运用所时，由相邻动车运用所的动车组套跑。根据开行数量以及车站布点，在车站适当设置存车线，用于始发作业需求。

3．工作量计算

按照目前生产经验以及检修规程，动车组一级修一般按照 4 h 考虑，夜间作业按照 10 h，也即每条检查线（长编组列位）每天可作业 2.5×2 列动车组（短编组），故每配属 10 列短编组动车组，设置 1 条检查线，可满足动车组一级修和存放需求，二级修一般利用白天作业，不再另算工作量。

第三节　规模设计

根据工作量计算和段址选择确定设计规模。若不受地形限制，按照工作量计算需求确定设计规模，需求多少设计多少。若受地形条件限制，设计规模无法满足需求，对规模缺口如何解决应有规划考虑。在项目预科研、科研阶段是确定设计规模的阶段。

枢纽地区动车运用所规模一般为检查线 4～16 条，地级市动车运用所规模一般为检查线 2～6 条，存车线一般按照检查线的 4～5 倍考虑。

对于 8 线检查库，一般按照出入所线 2 条，临修、不落轮镟线各 1 条，洗车线 2 条考虑。

第四节　总平面布置

总平面布置是根据工艺流程对线路、房屋以及设备设施布局的总体规划，体现了工程集成的特点。

1. 布置形式

根据存车场与检查库的相对位置关系，动车运用所平面布置主要有纵列式和横列式两种形式。

纵列式布置与横列式布置相比，动车组在存车场与检查库之间走行顺畅，无转线作业，但工程占地较大。当动车运用所规模较大时，为提高作业效率，应采用纵列式布置；当动车运用所规模较小或地形条件受限时可采用横列式布置。

纵列式一般有两种方案：方案一（见图4.1）洗车机设于两场咽喉之间，洗车设备利用率高，工艺顺畅。方案二（见图4.2）在检查库前设置存车Ⅱ场，作为库前待检区，承担卸污、上水作业，提高了生产能力。

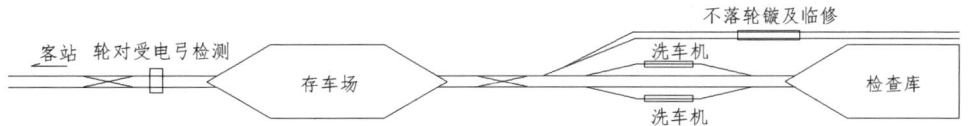

图 4.1 动车运用所纵列式方案一

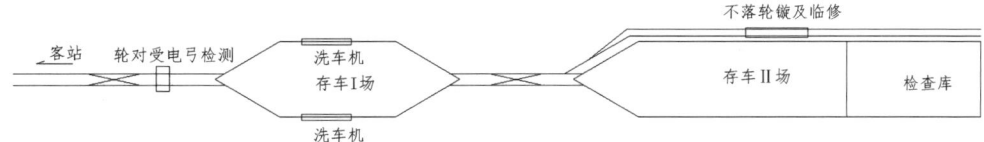

图 4.2 动车运用所纵列式方案二

横列式布置方案就是将检查库与存车线横列式布置，节约用地，但调车频繁，需设牵出线，对出入所咽喉存在较大干扰，如图4.3所示。

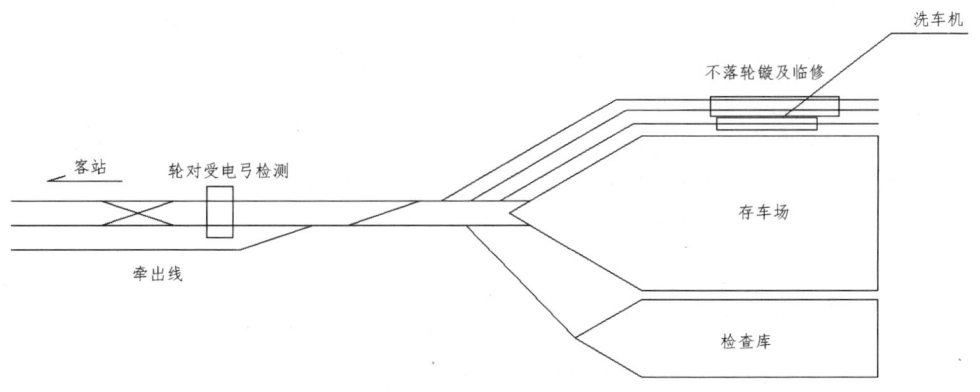

图 4.3 动车运用所横列式方案

2．工艺流程

工艺流程指通过一定的生产设备或管道，对动车组从入所到出所，按顺序连续进行检修作业的全过程，一个完整的工艺流程包括若干个工序。工艺流程由动车组的制造技术、运营生产技术决定，设备技术影响工艺的方案。动车运用所工艺流程如图4.4所示。

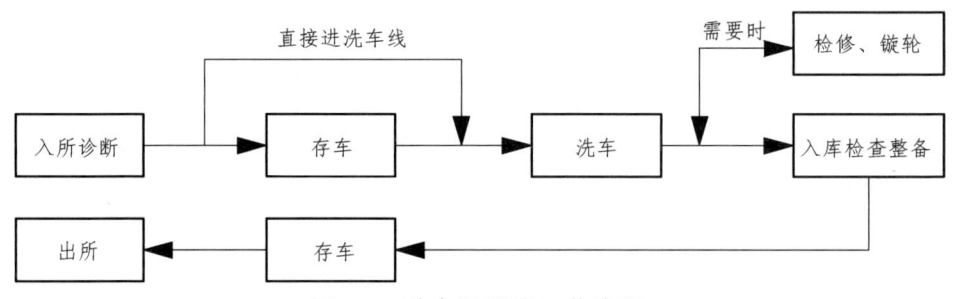

图 4.4　动车运用所工艺流程

外属动车组根据双方的协议确定作业内容，一般按照只入所存放考虑，不承担轮对检测、卸污、上水等作业。

第五节　生产房屋

按照功能划分，动车运用所房屋可分为生产房屋、辅助生产房屋、办公生活房屋。生产房屋包括检查库、临修及不落轮镟库、轮对及受电弓检测间、洗车控制室。辅助生产房屋包括空压机间、杂品库、变电所、污水处理场、牵引变电站。办公生活房屋包括公寓、食堂、浴室、门卫室。

生产房屋为动车组检修作业提供了场地，根据各个房屋承担的功能、防火规范，以及工艺流程、管线布置、走行距离等因素合理布置总图。生产房屋的平面、立面、剖面布局以及结构荷载需考虑设备使用条件，能使设备有机嵌入到各个房屋，共同承载检修功能，实现工程效果。由于轮对及受电弓动态检测间和洗车控制室等布置方案相对稳定，在动车运用所工程生产房屋中，主要研究检查库和临修及不落轮镟库。

一、检查库

检查库是承担动车组一二级修以及卸污、上水、客运保洁作业的场所，是动车运用所的标志性建筑。检查库的平面和剖面分别如图4.5和图4.6所示。

第四章 工艺专业设计

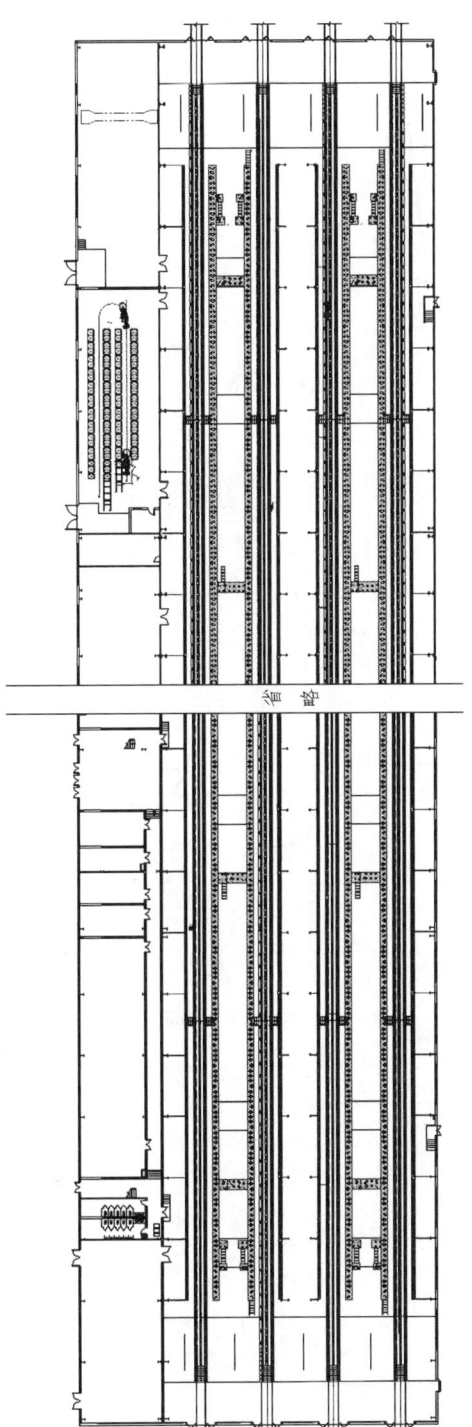

图 4.5 检查库平面

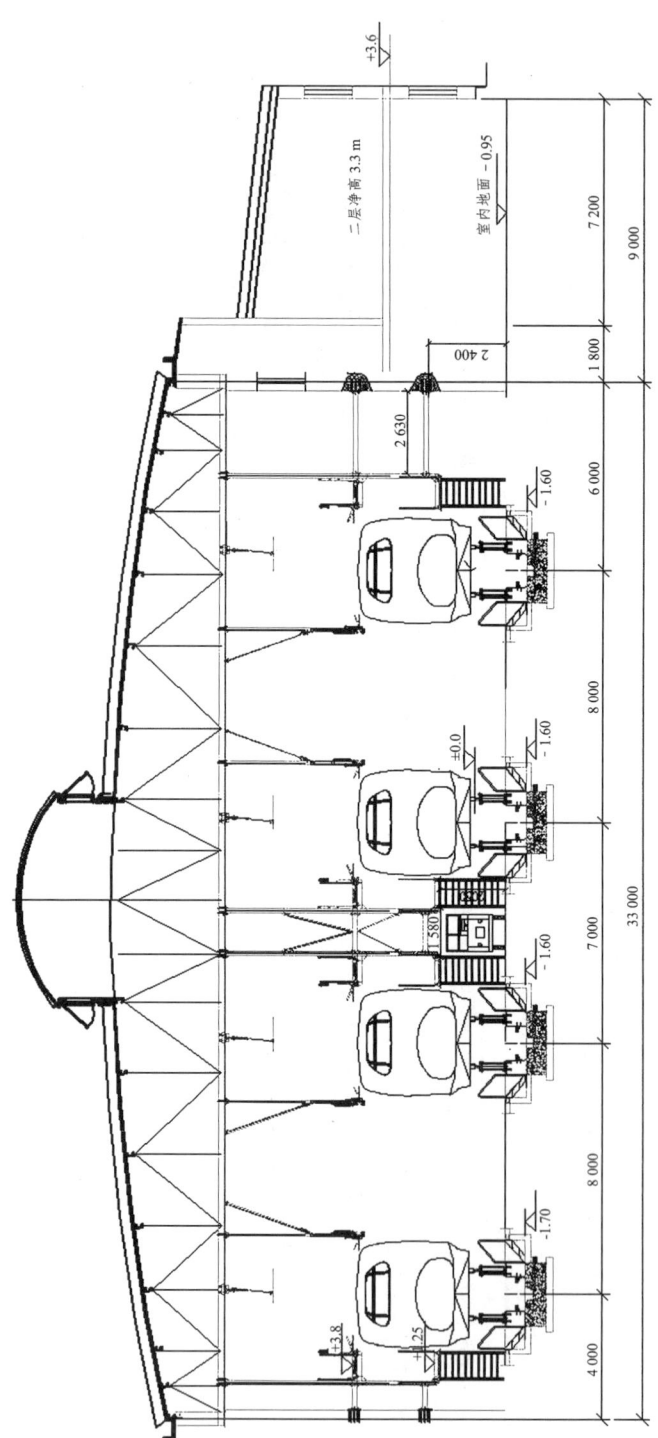

图 4.6 检查库剖面

检查库一般由主库和边跨组成，主库长 468 m，满足一线两列位短编组动车组作业需求。4 线库的宽度一般为 33 m，屋架下弦高于库内轨顶面 7.8 m，边跨宽度为 12 m 或 9 m，设局部二层，一层净高 3.6 m，二层净高 3.3 m。

1．主　库

动车组停放在检查库主库，在库内开展检查、检测等作业。库内设置轨道桥、三层作业平台、低地面。以轨顶面标高为 ±0.00 m，低地面标高为 −0.95 m，检查线下检查地沟沟底标高为 −1.7 m，二层平台标高为 +1.25 m，顶层作业平台为 +3.8 m，由此形成了车底、车内、车顶三层作业面。

在检查地沟内设置移动轮辋轮辐探伤系统；在轨道桥支柱下设置压缩空气管道接头、地面电源接头、电源插座，满足生产用电、用气需求；在二层平台设置清洁水盆，用于保洁；在三层平台设置安全联锁设备，实现登顶门禁安全防护。在股道之间设置综合管沟，敷设卸污、上水管道；沿库房排柱设置综合支吊架，敷设消防、给水、压缩空气管道，以及信息、安全联锁控制光/电缆等。库内挂网，在库外设置隔离开关，库房中部设置分断绝缘装置，满足一线两列位作业需求。库内一般采用环氧自流平地面。检查库内的环境如图 4.7 所示。

图 4.7　检查库内

2．边　跨

边跨一层主要布置生产车间，二层布置办公房间。

一层设置有大型配件库、立体仓库、现场作业待检区、小型配件间、零部件间、工具材料配送中心、搬运车辆存放间、油脂间、售后仓库、保洁、消防控制室、变电所、探伤间、滤网清洗间、信号间、通信间、机务派班、动车机房、信息机房、通信机房、调度控制及信息中心、客运整备间。

二层布置有办公室、会议室、班组间等。

3．部分设施设置方案

（1）库外地面标高。

目前室外地面标高有两种做法：第一种是 −0.3 m，即低于轨顶面 0.3 m，这种方案室外道路与轨顶标高高差较小，便于连接库前平过道，所内道路平整；缺点是与库内地面高差较大，不便连接，需设置台阶或 9.5 m 长坡道。第二种是 −1.25 m，即低于库内地面 0.3 m，这种方案室外道路便于和库内连接，但与平过道高差较大，需在库前平过道处设置坡道连接。近年来，越来越多的运营单位采用方案二。

（2）作业平台设置位置。

对于四线库，过去多将平台按照第 1、4 股道外侧悬挑和第 2、3 股道之间悬挂方式布置。近年来，部分运营单位提出在第 1 股道（边跨侧）设置作业平台，人员走行有些压抑，采光也不好，故将作业平台调整至第 1、2 和第 3、4 股道之间悬挂的方式。

（3）检查库地沟设置长度。

由于检查地沟内放置了移动轮辋、轮辐探伤系统，为避免设备存放影响地沟检查作业，检查地沟长度需考虑设备存放时，不影响车底检查作业，一般按照长 456 m 设置。

（4）调度中心一体化设置。

边跨内设置了调度中心，是动车运用所生产的核心场所，为实现一体化生产办公，需充分考虑用房面积，以及一体化方案，比如拼接屏方案、室内办公布置方案。

二、临修库

临修库是承担动车组更换转向架、轮对、玻璃、受电弓、空调等临时检修作业，以及镟修车轮作业的场所。临修库平面和剖面如图 4.8 和 4.9 所示。

临修库一般长 102 m，宽 24 m；以库内轨顶面标高为 ±0.00 m，临修台位设标高为 −0.95 m 的低地面；库内紧邻临修线的设有 1 个钢结构的顶层检查平台，走行面标高 +3.80 m。临修线上设有转向架（轮对）更换装置及检查地沟。库内设置了不落轮镟床，配备有 10 t 电动双梁桥式起重机。临修库内部分设备如图 4.10 所示。

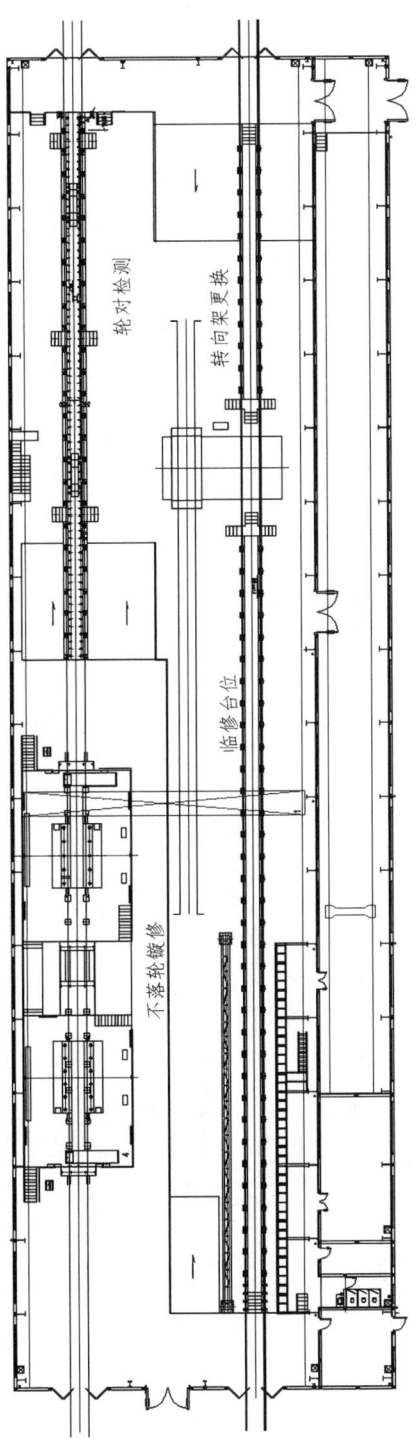

图 4.8 临修库平面

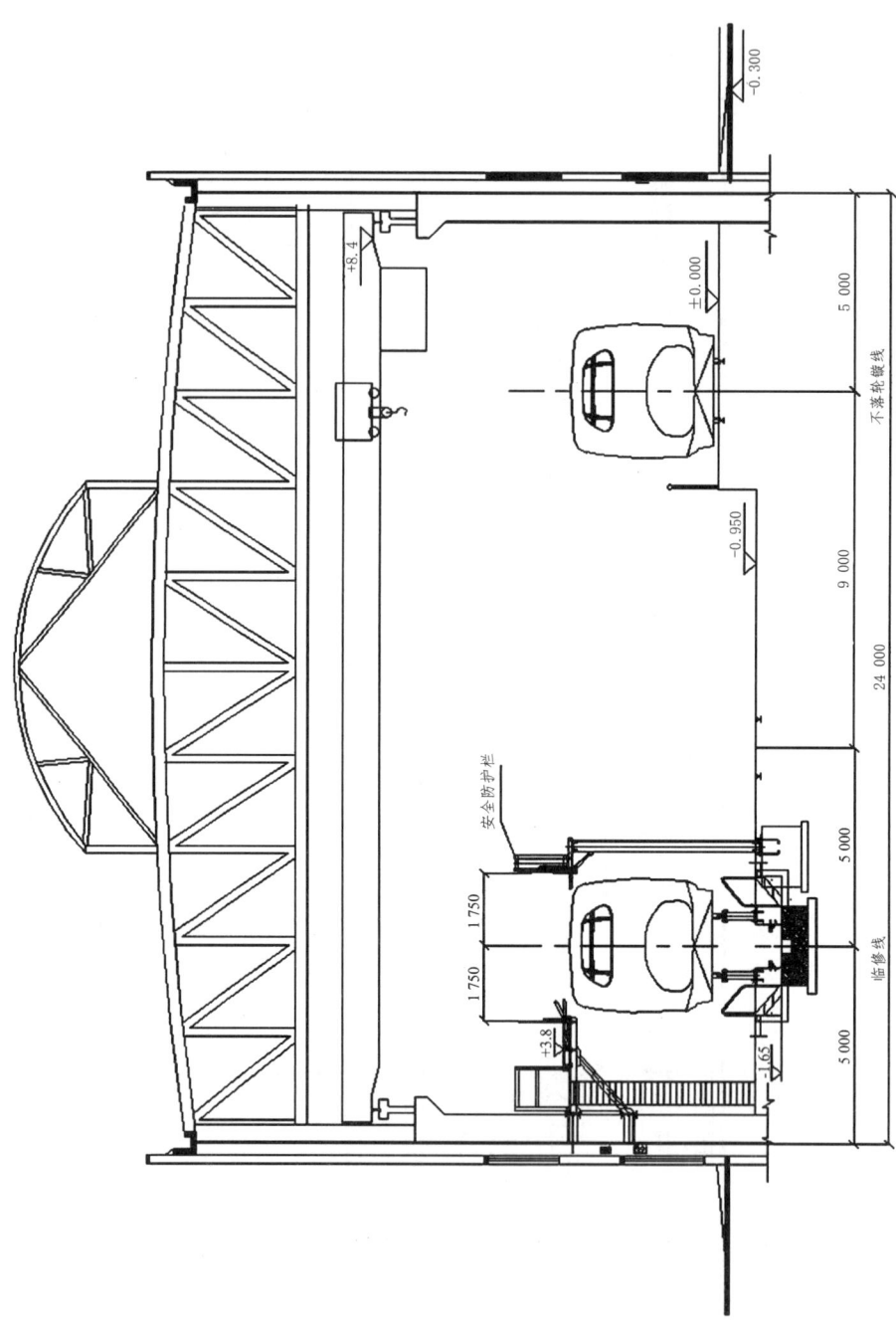

图 4.9 临修库剖面

图 4.10 临修库不落轮镟修和转向架更换设备

临修库为部分设施设计方案如下：

（1）设置存轮线。一般按照存放 20 条轮对考虑。

（2）不落轮车床按照 2 台双轴布置，计算见本章第八节相关内容。

（3）与移动轮对探伤设备共线。由于移动轮对探伤设备与不落轮镟的检修时间基本一致，检修周期也一致，因此可共线设置，同时作业，计算见本章第八节相关内容。

三、轮对及受电弓动态检测间

轮对及受电弓动态检查间承担动车组轮对和受电弓检测诊断，是走行部、车顶监视作业的场所。其剖面如图 4.11 所示，部分检测设备如图 4.12 所示。

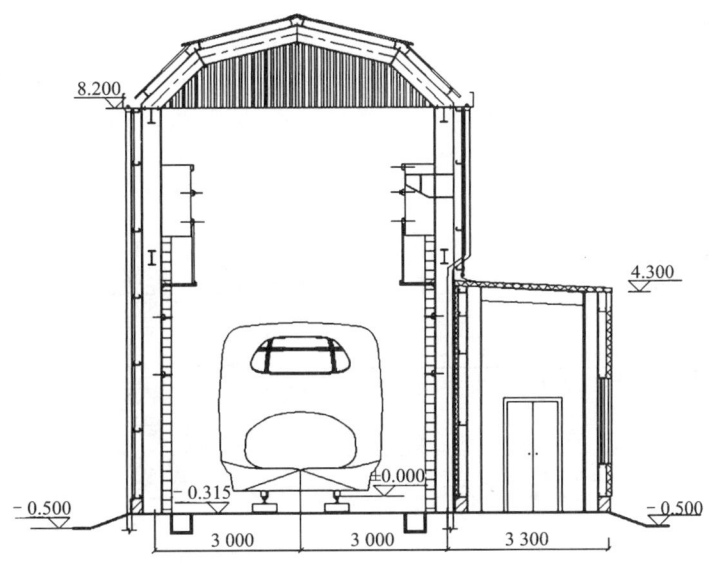

图 4.11 轮对及受电弓动态检测间剖面

图 4.12　轮对及受电弓检测设备

轮对及受电弓动态检测间一般设置在出入所线上,是入所的第一道工序,它由检测棚和控制室组成,长度均为 30 m,控制室宽度为 3.3 m,棚的宽度根据入所股道数量确定。

1．检查棚

在棚内设置整体道床,安装轮对检测诊断和走行部监视设备,棚的上端安装受电弓检测及车顶监视设备。

2．控制室

控制室设置现场服务器,采用无人值守模式。

四、洗车控制室

洗车区承担动车组侧面清洗作业,设备操纵台设于控制室内。洗车区内按照洗车流程布置洗车刷组,其平面、立面以及剖面如图 4.13 和 4.14 所示。

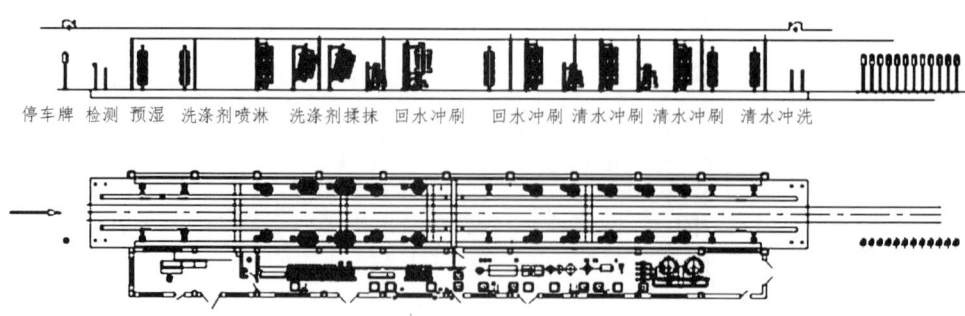

图 4.13　洗车设备平面、立面

第四章 工艺专业设计

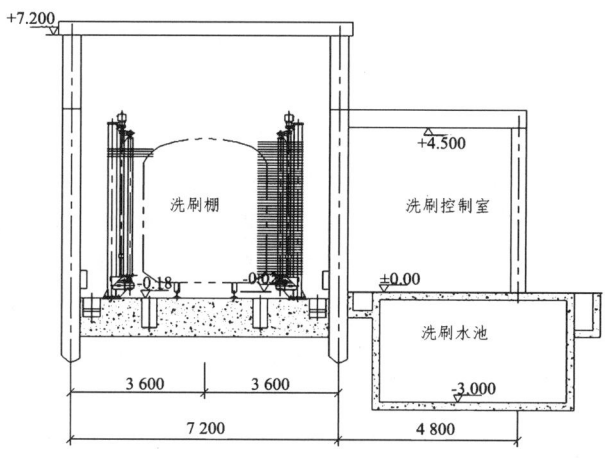

图 4.14 洗车设备剖面

洗车区设置了整体道床，长为 60 m，两端安装了清洗刷组以及挡水墙。控制室长为 60 m，宽为 4.8 m，设置控制设备、污水处理及回用设施。部分洗车设备如图 4.15 所示。

图 4.15 洗车设备

五、公　寓

公寓是司机和随车机械师休息、间休的场所，设置在车站和动车运用所内。

第六节　线　路

线路承担动车组停放、走行功能。动车运用所线路一般为平坡，按照Ⅱ级铁路标准设计，设计相对简单，主要对线路的有效长度、直线段、曲线半径、坡度有要求。

1．存车线

存车线区域是乘务员出退勤场所。连接车站的存车线一般按照行车模式接发车，线路曲线半径不小于 400 m，采用 12 号道岔，线路有效长要求见 4.8 节的内容。线路间距按照 4.6 m 设置，每 8 线设置 7.5 m 宽间距，考虑接触网立柱、灯桥立柱安装条件。存车线还需设置环场消防道路。

2．检查线

检查库外线路直线段不小于 20 m，主要考虑到动车组入库过程需将同一车辆沿平行线路驶入，避免库门擦挂车体，CRH1 型动车组的全轴距最大，为 19 m，故取 20 m。检查线间距一般为 7~9 m。

3．临修线、不落轮镟线

临修库前、库后线路长度可停放一列长编组动车组，另需考虑安全距离，线路有效长不小于 455 m。

4．牵出线

牵出线用于所内调车用，线路有效长一般为 455 m。

5．洗车线

若洗车线与存车场并行设置，则洗车区域前、后线路长度应可停放一列长编组动车组，另需考虑信号安全距离。洗车区域前为车站侧接车端，股道有效长不小于 480 m；洗车区域后有效长不小于 455 m。

若洗车线设于存车场与检查作业场之间，在洗车区域前、后直线长不小于 20 m 即可。

6．出入所线

出入所线的数量影响接发车效率，一般按照 8 线检查库设置 2 条出入所线，约 2 h 可将所有动车组接入动车运用所。

第七节　室外设备及设施

室外设备及构筑物是动车运用所配套工程，在总图平、纵断面设计中，应充分考虑室外设备和设施，使之充分发挥作用，又不影响主体工程。

1．道　路

动车运用所内道路主要为满足消防、车辆运输和人员走行需求。

在存车线区域最外两侧线路之间距离小于或等于 80 m 时，应设一条消防车道，且应有回车场地；最外两侧线间距大于 80 m、小于或等于 160 m 时，应设两条消防车道；大于 160 m 时，应设三条消防车道。

所内道路双车道宽为 7 m，单车道宽为 4 m。

道路与铁路交叉处设置平交道口，一般采用橡胶或混凝土结构。橡胶材质方便拆换，便于股道维修，缺点是存在塌陷、不平整等现象；混凝土结构刚好与橡胶相反。

2．围　墙

围墙高度一般为 2.6 m，安装带铁蒺藜的滚刺笼，设置视频监控设施。

3．大　门

大门是一个动车运用所重要的建筑物，一般设置有一定造型的电动伸缩门。

4．登车梯

登车梯设置在存车场、临修、不落轮镟线上，用于司机和随车机械师上下车用，一般有混凝土结构和钢结构两种，如图 4.16 所示。考虑到兼容各种车型，登车梯长度一般为 12 m，高 1.2 m。

图 4.16　登车梯

5．停车牌

如图 4.17 所示，在停车场设置停车牌，便于司机定点停车。

6．硬化场坪

如图 4.18 所示在存车场整备作业区设置硬化场坪，场坪标高一般低于轨顶 300 mm。

图 4.17 停车牌

图 4.18 股道间硬化

第八节 相关数据

工艺设计应以定量设计为主、定性经验为辅，线路、厂房等的基本参数都是建立在定量计算的数据基础上的。

1. 主要线路、厂房、设施设计数据

主要线路、厂房、设施设计数据见表 4.1。

表 4.1 数据计算

序号	项目		主要依据	计 算	取值
1		250 km/h 日车里程	运输组织		2 000 km
2		350 km/h 日车里程	运输组织		3 500 km
3	线路	存车线有效长（列车模式接车，存一列长编组）	信号技术、动车组长度	信号要求 75+车长 430+信号要求 30 = 535（m）	540 m
4		存车线有效长（列车模式接车，存两列短编组）	信号技术、动车组长度	信号要求 75+车长 430+信号隔离 95+信号要求 30 = 630（m）	630 m
5		存车线有效长（调车模式接车，存一列长编组）	信号技术、动车组长度	信号要求 30+车长 430+信号要求 30 = 490（m）	490 m
6		存车线有效长（调车模式接车，存两列短编组）	信号技术、动车组长度	信号要求 30+车长 430+信号隔离 50+信号要求 30 = 540（m）	540 m

续表

序号	项目		主要依据	计算	取值
1	生产厂房	检查库长度	车长、库房形式	见本节"2. 部分设施设计数据"	468 m
		检查库高度（屋架下弦）	限界、接触网要求		7.8 m
		检查库宽度	限界、作业要求	四线库：4.5+8+7+8+5.5=33（m），六线库：5+8+7（8）+8+8+7（8）+6=49（m）/51（m）	33/49（51）m
2		临修库长度	设备要求	见本节"2. 部分设施设计数据"	102 m
		临修库宽度	设备作业要求		24 m
		临修库高度（起重机走行轨顶标高）	限界、起重机技术要求		8.4 m
3		轮对检测棚长度	设备作业需求		30 m
		轮对检测棚宽度	限界、设备安装要求		6 m
		轮对检测棚高度	限界、设备安装要求		8.1 m
4		洗车区长度	设备作业需求		60 m
1	设备与设施	镟轮作业时间	设备作业需求		25 min
2		轮对探伤作业时间	设备作业需求		25 min
3		地面电源	动车组制造技术	见本节"2. 部分设施设计数据"	
4		卸污单元间距	动车组制造技术及设备技术		20 m
5		上水单元间距	动车组制造技术及设备作业需求		20 m
6		登车梯长度	车体制造要求		12 m
7		入所间隔	信号技术要求		5 min
8		出入所速度	12号道岔侧向限速		60 km/h
			9号道岔侧向限速		40 km/h
9		入所速度（兼做轮对诊断）	设备检测限速		10 km/h
		出所速度（经过做轮对诊断设备）	设备工艺轨道限速		40 km/h

2．部分设施设计数据

（1）检查库长度。

检查库长度按下式计算确定

$$L_C = (L+2) \times N + (N-1) \times 8 + L_X \times 2 + 6 \times 2$$

式中　L_C——检查库长度（m）；

　　　L——动车组长度（m），为使检查库适应不同车型动车组检查作业需要，动车组长度应按最长动车组计列，目前 CRH 动车组中 CRH380D 系列动车组最长，8 辆编组长度为 215.3 m；

　　　2——停车误差（m），动车组前后各取 1 m；

　　　N——每条线进行作业的动车组列数（列）；

　　　8——各列位间安全隔离宽度（m）；

　　　6×2——车库两端横向通道宽度各 6 m；

　　　L_X——纵向运输通道 ±0.00 mm 地面与 −0.95 m 地面连接处所设 10% 的缓坡的长度（m）。

按上式的计算并综合考虑建筑模数等因素，一线一列位 L_C = 246.3 m，一线二列位 L_C = 473.6 m，另外动车组停放时可以占压一部分缓坡段。因此，检查库长度分别取 246 m 及 468 m。

（2）临修库长度——移动式轮辋轮辐探伤系统与不落轮镟设备共线数据。

为降低镟修后轮对踏面温度及镟修时电磁干扰对探伤结果产生的影响，同时考虑到移动式轮辋轮辐探伤系统顶轮时可能对动车组产生微小位移进而影响车轮镟修，在移动式轮辋轮辐探伤系统地沟与不落轮镟床基坑之间至少应考虑间隔 1 节车厢的距离。在移动式轮辋轮辐探伤系统与不落轮镟床协同工作时，即当镟修第一、二节车厢转向架轮对时，移动式轮辋轮辐探伤系统处于装备状态，此时进行超声系统标定（准备阶段）；当镟修第三节车厢转向架轮对时，移动式轮辋轮辐探伤系统开始进行第一节车厢转向架轮对的探伤作业。

临修库长度为 95.3 m，考虑到建筑模数，并适当预留，可取 99 m 或 102 m，如图 4.19 所示。

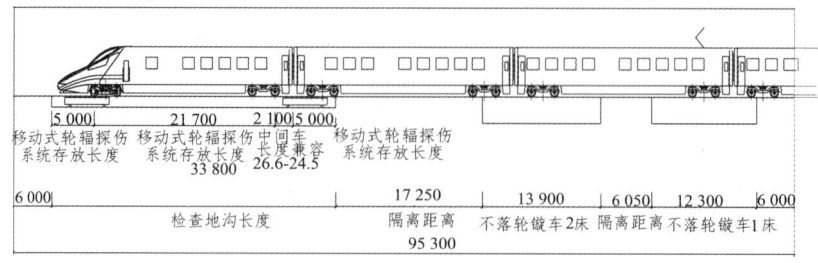

图 4.19　临修库房长度

（3）不落轮镟车床配属。

以某动车运用所调研数据为例，不落轮镟车床计算见表 4.2。

表 4.2　不落轮镟车床计算表

项　目		单位	数量	备　注
动车所规模	检查线	条	8	
动车组配属	配属动车组	列	80	
	年走行	万千米	5 840	日走行按照 2 000 千米计列
镟修需求	计划镟修	条	7 475	镟修周期取 25 万千米
	临修镟修	条	4 485	约占计划镟修的 60%
	镟修小计	条	11 960	
相关指标	年工作时间	天	300	
	年设备检修时间	天	16	设备小修 4 次，停时 112 小时；设备月检 8 次，停时 32 小时；设备临修 4 次，停时 15 小时；共计 159 小时，按照 16 天计列
	年有效镟修时间	天	284	
	每天镟修时间	小时	10	
	年镟修时间	分钟	170 400	
不落轮镟车床需求	单架镟修时间	分钟	60	含对位、复核等时间
	设备需求	台	2.1	按双轴考虑

8 条检查线规模的动车运用所一般设计方案为规划 2 台双轴不落轮镟车床。

（4）地面电源。

在检查库内检测空调时，蓄电池无法承载空调负荷，需要外接电源。另外动车组升弓需蓄电池提供动力，当蓄电池亏电时，也需外接电源供电。地面电流插座位置如图 4.20 所示。

地面电源是用于动车组在库内检查、整备、检修、调试等的辅助供电电源，能满足动车组长、短编组、重联编组供电要求。

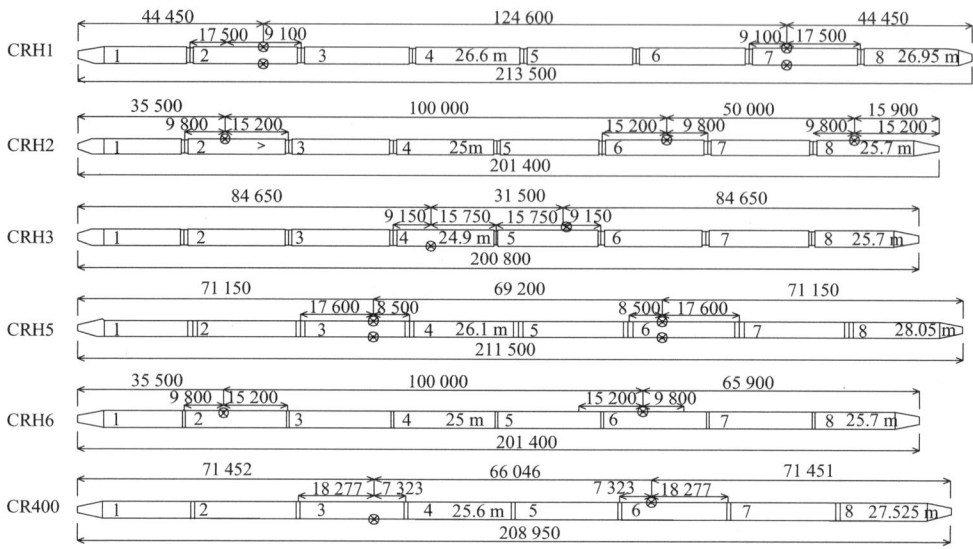

⊗ 地面电源插座

图 4.20 地面电源插座位置

CRH1、CRH3 和 CRH5 型动车组及标准动车组的地面辅助供电电源,采用 3Ph+1N(PE)AC 400 V、50 Hz 的电源,从低压配电柜经过电缆送至现场插座箱(见图 4.21),最后通过现场插座箱上的连接软电缆及电气连接器,为动车组辅助系统供电。

CRH2 型动车组的地面辅助供电电源是由 3Ph+1N(PE)AC 400 V、50 Hz 的电源,通过交-直-交变流方式特制设备变为 1Ph AC 400 V、50 Hz 电源通过现场插座箱,为动车组辅助系统供电。

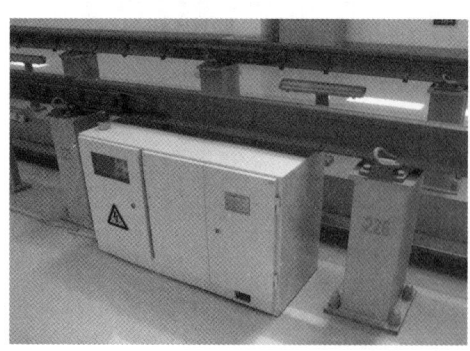

图 4.21 地面电源插座箱

地面电源主要参数见表 4.3。

表 4.3　地面电源主要参数

序号	动车组型号	电 压	电 流	功 率	电压谐波含量
1	CRH1	3 相 AC 400 V	125 A	82 kW	≤10%
2	CRH2	单相 AC 400 V	I_e = 300 A, I_{max} = 375 A	2×150 kW	≤10%
3	CRH3	3 相 AC 380 V	300 A	200 kW	≤10%
4	CRH5	3 相 AC 380 V	425 A	2×300 kW	≤10%
5	CR400	3 相 AC 400 V	450 A	210 kW	≤10%

（5）机务运用车间。

机务运用车间设置在车站和动车运用所。其中车站设置动车运用车间、动车运用车队、动车派班室、间休室、公寓。动车运用所设置地勤司机车队、动车派班室、公寓。各种设施设置条件以及设计规模见表 4.4 和表 4.5。

表 4.4　高铁车站机务设施设置标准

机构名称	功能及主要房屋组成	面积或间数	设置条件	附 注
动车运用车间	隶属机务段，承担全段动车组司机运用管理，担当多个方向乘务任务。房屋主要由车间管理办公室、学习室、派班室、出乘器物存放间、资料备品存放间、驾驶模拟室、健身房、生理心理调节室、浴室等组成	960～1 200 m²	一般设置在客运机务段所在地、始发终到动车组较多的车站	车间规模按照 2～4 个车队考虑。其余参考《铁路房屋建筑设计标准》
动车运用车队	隶属动车组运用车间，承担本车队动车组司机的乘务管理，担当 1～2 个方向乘务任务。房屋主要由车队办公室、指导司机室、学习室、派班室（若与动车车间分离需设置）、生理心理调节室、浴室等组成	340 m²	担当 1～2 个方向乘务任务且所在车站非动车组运用车间所在站	按车队动车司机 80 人规模考虑，人员超出可另增加面积
动车派班室	承担动车组司机出退勤管理，隶属动车车间。房屋主要由派班室、值班室等组成	100～200 m²	有换乘作业需要办理出退勤的车站，非动车组运用车间、动车组运用车队所在站	

续表

机构名称	功能及主要房屋组成	面积或间数	设置条件	附注
间休室	动车组司机乘务交路间休息场所	$\dfrac{(2 \cdot N_1 + N_2) \times n}{2 \times 2}$	乘务交路换乘车站	间休室标准同公寓。车站仅设间休室时,另增2间管理房屋
公寓	动车组司机待乘住宿场所	$2 \cdot N_3 \times 0.25 + N_4 \times 0.1$	外段司机需住宿待乘的车站	车站司机公寓

注:(1)间休室计算公式中:N_1——本站需换乘的通过列车对数;N_2——本站需换乘的始发终到列车对数;n——间休系数(取0.4~0.6);2——每床位日间休次数;2——双人间。
(2)公寓计算公式中:N_3——本站需换乘且由外段担当交路的通过列车对数;N_4——由外段担当交路的始发终到列车对数;0.25/0.1——公寓系数。
(3)设在车站的间休室、公寓可以实现功能共用,即白天作为间休室,晚上作为公寓;按照两者计算规模最大者设计。

表4.5 动车段、所、场机务设施设置标准

设置位置	机构名称	功能及主要房屋组成	面积或间数	设置条件	附注
动车段、所	地勤司机车队	承担段、所内地勤司机乘务运用及入段、所本务司机出退勤管理,隶属动车车间。房屋主要由车队办公室、学习室、派班室、地勤间休室等组成	340 m²	段、所内地勤司机达到车队规模(一般为80人)	
	动车派班室	承担段、所内地勤司机乘务运用及入段、所本务司机出退勤管理,隶属动车车间。房屋主要由值班室、学习室、派班室、地勤间休室等组成	300 m²	段、所内地勤司机未达到车队规模	
	公寓	动车司机待乘	存车列数×0.6	均设置	
动车存车场	动车派班室	存车场动车司机出退勤管理,隶属动车车间。房屋主要由派班室、值班室等组成	60 m²	均设置	可与车站派班室合设
	公寓	动车司机待乘	存车列数+2	均设置	可与车站公寓合设

说明:(1)本表适用于高铁路网中动车段、所、场机务设施的规划、设计,地方城际铁路、国外高铁项目可结合实际情况参考使用。
(2)动车段、所、场内本务司机,地勤司机食堂,浴室在段、所、场内统筹考虑。
(3)表中房屋使用面积及间数为功能使用面积,不含走廊、楼梯等辅助面积。
(4)公寓间数计算公式中:0.6——入段、所本务司机需要待乘系数(动车段、所距离市区较远且不具备退勤回家条件时,本系数采用1.0;动车段、所距离市区较近且司机具备退勤回家条件时,根据实际情况取0.6;若采用地乘分离模式,本系数可采用0.3~0.4)。
(5)车站及动车段、所、场内的司机公寓应统筹考虑,避免重复计列。

第五章 专业接口设计

动车运用所工程设计体现了多专业系统设计的特点,以工艺设计为主体,相关专业协作设计而成。因此,在设计过程中,应重视工艺专业与其他专业接口设计工作,增强工艺专业设计的相容性,以提高工程设计系统性。接口设计主要从两个方面研究:项目组织管理和接口技术。

第一节 项目组织形式

在铁路工程设计中,国内一般采用总体组的形式开展工程设计,按照项目管理理论,这种模式属于平衡矩阵式项目组织结构,动车运用所工程设计一般由工艺专业兼作项目总体设计负责人,结构形式如图 5.1 所示。

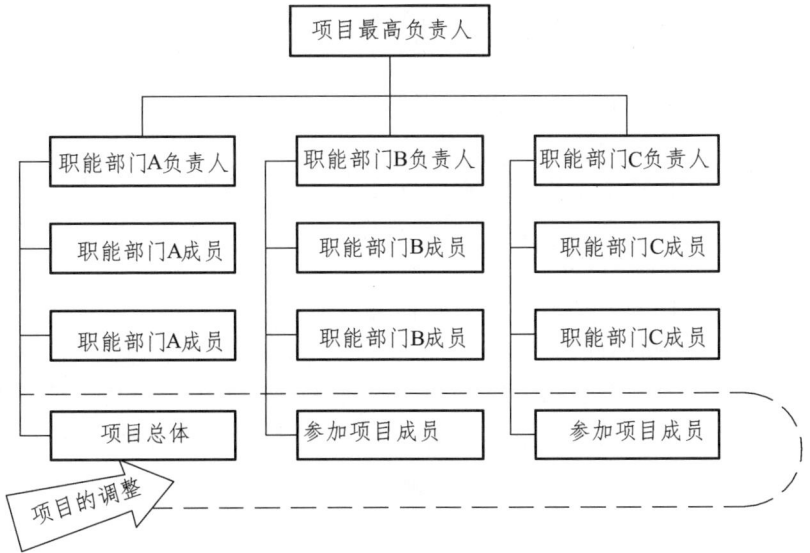

图 5.1 项目组织形式

1．该模式的优点

（1）总体组的工作目标与任务比较明确，由专人负责项目工作。

（2）总体组成员无后顾之忧。该项目结束后，还有其他项目，不必为将来的工作分心。

（3）各职能部门可根据自己部门的资源与任务情况来调整、安排资源力量，提高了资源利用率。

（4）相对职能式结构来说，减少了工作层次与决策环节，提高了工作效率与反应速度。

2．该模式的缺点

（1）项目管理权利平衡困难。总体需要在项目总体与职能部门之间平衡，这种平衡在实际工作中有时是不易实现的。

（2）信息回路比较复杂。在这种模式下，信息回路比较多，既要在项目总体组中进行，还要在相应的部门中进行，必要时在部门之间还要进行，容易出现交流、沟通不够的问题。

（3）项目成员处于多头领导状态。项目成员在正常情况下至少要接受两个方向的领导，即项目总体和所在部门的负责人，容易出现指令矛盾、行动无所适从的问题。

3．改进方法

平衡矩阵式项目组织结构方式利于专业精细化设计，但其天然的缺点是专业分工分歧。因此，在这种组织形式下，项目管理最重要的内容是专业接口设计。工艺专业应加强技术的全面性和决策性，通过集团公司级生产管理部门协调工作有序进行。

（1）设计前加强方案审查，提出完整、系统的方案。

在工程设计前，工艺专业充分研究工艺方案，向各专业提出完整可行的设计需求资料。

（2）严格按照专业分工，避免盲区和重复。

从微观经济学角度分析，分工使得人类社会进步，分工使得资源得到有效配置，提高了社会整体效益，但分工可能因信息不畅、公共物品等带来垄断、泡沫等弊端，这就需要宏观调控。在工程设计中也有同样的道理，要充分发挥专业设计的优势，首先需要在制度上约定专业设计职责，用行政约束手段避免技术垄断；其次专业分工应合理，避免盲区和重复，体现合理配置资源；另外要加强监督，对于分歧意见，要积极协调，妥善处理问题，体现宏观调控。

（3）加强工艺总体性。

在动车运用所工程设计中，应以技术为基础，管理为手段，系统性为目的，开展工程设计工作。工艺专业做好总体工作，基于科学的项目管理理论，充分研究工程设计范围、时间、人力资源等问题，编写可行的设计策划，组织总体组开展工程设计，采用反馈方法，实现闭环设计，复核和提醒相关专业设计按照既定的技术标准完成工程设计。

第二节　接口设计方法

按工艺专业与其他专业间是否交叉，可分为三种区域：A 区域、B 区域、C 区域，如图 5.2 所示。

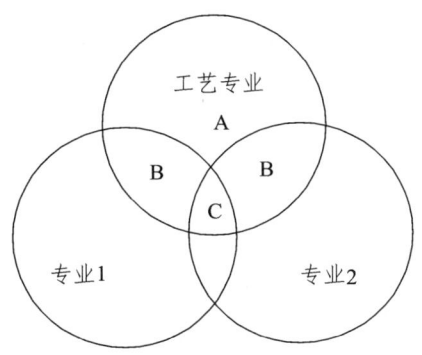

图 5.2　工艺专业接口设计示意

1．A 区域

该区域基本与其他专业不交叉，因此应重视专业设计内容，有效策划设计时间，可与其他专业同步进行，缩短设计工期。

2．B 区域

该区域是两个专业的交叉区域。接口设计多属于该区域类型，设计交互资料应表述清晰、技术可行、及时提交，使得专业设计顺利由上游推进至下游。评审上游专业资料的合理性，核查下游专业设计是否满足工艺需求。

3．C 区域

该区域是多专业的交叉区域。该区域场景也常常出现，往往是影响工程设计系统性的关键点，针对 C 区域，不能用简单地复核解决问题，应由工艺专业牵头，组织相关专业集审方案，可高效完成工作，当然在集审前，应做好准备工作。

第三节　接口设计内容

动车运用所是一个多专业参与的系统设计工程，工艺专业与其他相关专业设计需充分相容，做好接口设计，各专业与工艺设计主要关系在于平面布置、设施布局等方面的相容性。

1．站场设计

站场设计主要涉及段址选择、场坪标高、段内线路、排水沟、平过道设计等内容。

（1）段址选择。

段址选择是论证项目用地条件的可实施性，应研究择址区土地可否征用、有无重大拆迁工程、地质条件可否满足铁路建设需求等现场情况。另外，在段址选择过程中还应遵循以下原则：

① 应设在办理动车组始发作业的客站附近，尽量减少动走线长度，以减少空走距离。

② 用地应符合城市总体规划。

③ 有良好的接轨条件，走行线应顺向连接，避免折角反向入段。

④ 宜设在工程地质和水文地质良好的地段，并应有良好的自然排水条件。

⑤ 便于城市电力线路、给排水等市政管道的引入和道路的连接。

⑥ 有足够的有效用地面积及远期发展余地。

（2）场坪标高。

所内场坪一般为平坡，若必须要设置坡度时，应在咽喉区拉坡，避免在存车区域或库房区域设坡度。

场坪标高应考虑所外道路标高，以便通所道路能顺接所外市政道路。

（3）线路。

动车运用所连接车站的车场一般采用行车模式接车，曲线半径不小于 400 m，采用12号道岔。场内采用调车模式，采用9号道岔，曲线半径不小于300 m。

动车运用所内线路一般为平坡，部分段址受地形条件影响，可以在咽喉区设置坡度。咽喉区坡度不大于6‰。

（4）排水沟。

考虑到动车运用所土地有限，且为了便于走行一般采用矩形排水沟，有砟顶式和砟底式两种（见图5.3和图5.4）。

图5.3 砟顶式排水沟

图5.4 砟底式排水沟

存车场股道间因有司机走行和随车机械师巡检作业，应采用砟顶式排水沟，盖板顶面作为走行便道，排水沟盖板顶与轨枕地面齐平，便于工务更换轨枕、扣件等线路养护作业。无走行作业的牵出线等可采用砟底式排水沟。

（5）平过道橡胶铺面板。

平过道是横穿线路的道路，在与线路交叉区域设置橡胶铺面板。平过道的做法一般有3种：满铺、有砟铺设、整体道床方式（见图5.5、图5.6和图5.8）。

图5.5 平过道（有砟，满铺）

图5.6 平过道（有砟，部分）

2. 轨道设计

轨道专业承担所内整体道床设计。在轮对诊断、洗车区、库前平过道、库内钢轨采用整体道床设计方式，采用胶结绝缘接头（见图5.7和图5.8）。

图 5.7　整体道床（浇筑前）　　　　图 5.8　整体道床（浇筑后）

3. 通信、信息设计

在检查库边跨考虑设置通信机械室，室外设置通信光缆管沟，可与信息光缆沟合用。

设置办公信息系统网络，库内无线覆盖网络，围墙设置周界系统。

4. 信号设计

动车运用所内设置动车基地调度集中系统（CCS），具备道岔联锁、位置追踪、安全防护等功能（见图5.9和图5.10）。动车运用所内的线路长度、间距都需要考虑信号机安装技术要求。在各种信号模式下，信号机安装要求不同，这将影响线路长度，具体影响见表4.1中线路长度的计算。

图 5.9　列车模式三显示接车信号灯、
　　　　应答器

图 5.10　调车模式双显示信号灯、
　　　　应答器

5．电气化设计

电气化设计包括接触网立柱、挂网高度、软横跨、硬横跨、开闭所、远动设计等。

检查库外的供电线如图 5.11 所示，所内挂网高度为 6.0 m，在存车场采用软横跨或硬横跨（见图 5.12 和图 5.13），立柱为 ϕ350 钢筋混凝土等径圆杆。

除检查库内采用简单悬挂外，其余接触网均采用全补偿简单链形悬挂。

根据工艺专业生产要求，设置隔离开关，可选择当地控制，也可选择远动控制。远动控制分为动车所调度中心远动和开闭所远动，区别在于前一个是车辆系统控制，后一个是电务系统控制。检查库前、人工补洗线的隔离开关由于开关频繁，也纳入调度中心远动，便于管理。轮对诊断棚、洗车线的隔离开关一般很少断开，可纳入电务远动。

图 5.11　检查库外的供电线

图 5.12　硬横跨　　　　　　　　图 5.13　软横跨

6．建筑、暖通设计

（1）防火分区。

检查库是所内建筑面积最大的房屋，火灾危险性等级为丙类二级，根据建筑防火规范，防火分区的最大允许建筑面积为 8 000 m²，即使设置了自动灭火系统，也只能达到 1.6×10^4 m²。检查库的建筑面积一般达到 2×10^4 m² 以上，因此需要消防性能化设计以及专家评估。

（2）防火间距。

动车运用所内房屋无甲、乙类，多为丙类房屋，丙、丁、戊类二级房屋之间间距不小于 10 m。

（3）疏散。

丙类二级单层房屋厂房内任一点至最近安全出口的直线距离不小于 80 m。

公共建筑室内任何一点至最近疏散门或安全出口的直线距离不应大于 30 m。

公共建筑房间疏散门至最近安全出口的直线距离不应大于 40 m（位于两个安全出口之间的疏散门）/22 m（位于袋形走道两侧或尽端的疏散门）。

7．电力设计

与工艺相关的有变配电所总图布置、设备用电、插座布置、灯桥、灯塔等。

总平面布置设计中，应考虑外电接入径路，选择合理的位置，缩短外电电缆长度。一般在边跨设置变电所，其他重大设施附近预留设置箱式变压器的位置。存车场、整备场设置投光灯桥（见图 5.14），在股道咽喉区设置投光灯塔，在总图规划中均应考虑设置位置。

图 5.14　灯桥

在检查库内设置地面电源，各型插座位置及功率见 4.8 中相关内容；在检查地沟内每隔 25 m 设电源插座箱（380 V 5 kW/220 V 3 kW）1 个。其他生产设备用电根据需要设置。

第六章　设备选型

设备选型是工艺设计一个重要内容，主要包括设备功能、性能参数的选定。

第一节　基本要求

设备选型就是从多种可以满足相同需要的不同型号、规格的设备中，经过技术经济分析评价，选择最佳方案以做出采购决策，给运营单位带来最好的使用效果。合理选择设备，可使有限的资金发挥最大的经济效益。设备技术体现了结果价值，在于实现效能，以及实现的效能是否更好地满足运营生产的需求。设备选型应遵循如下原则：

1. 生产上需要

动车运用所生产过程中，按照运营规程、生产需求以及相关办公标准等，为实现生产办公功能，需要配置一整套的设备。

虽然各个动车运用所生产需求基本一致，配置设备也差不多，但由于技术的发展、用户的不同，实际需求往往也不尽相同。因此，工艺设计若简单继承，容易出现部分设备不实用，存在闲置现象。因此，在设计中，应深入调研运营单位的使用情况，充分征求运营单位意见，配置合理的设备。例如，部分动车运用所反馈滤网清洗设备的清洗效果不太好，建议改为人工清洗作业。

2. 技术上成熟与先进

在满足生产需要的前提下，要求其性能指标保持先进水平，以提高设备质量和延长寿命。

近年来，动车运用所出现了很多新设备，部分新设备整合了一些功能，因此应深入研究设备功能，避免重复设置，这样可降低工程投资。例如，安

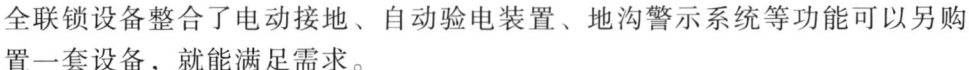

全联锁设备整合了电动接地、自动验电装置、地沟警示系统等功能可以另购置一套设备，就能满足需求。

3．经济上合理

要求设备价格合理，在使用过程中能耗和维护费用低，并且成本回收期较短。一般情况下，设备的配置需相应配套房屋、电力、给排水工程，因此，应研究设备整体工程投资，优化配置，实现耗散最小而效率最高、效益最大的设备选型方案。另外，也要研究设备全寿命周期的工程投资。

4．使用上便捷

注重设备在"方便""可靠""价值""安全""效率"等方面的评价，也就是在设备设计中常提到的人性化设计问题。以心理为圆心，生理为半径，用以建立人与设备之间和谐关系的方式，最大限度地挖掘人的潜能，综合平衡地使用人的机能，保护人体健康，从而提高生产率。

第二节　主要性能参数

1．工艺性

设备选型首先要满足检修工艺需求，例如，不落轮镟轮车床应能保证所镟修轮对的尺寸精度、几何形状精度和表面质量的要求；公铁两用车可在所内1‰线路坡道段牵引一列长编组动车组等。

2．生产率

设备的生产率一般用设备单位时间（时、分、秒）的生产量来表示。例如，空压机每分钟输出压缩空气的体积。因为生产率高的设备，一般自动化程度高、投资多、能耗大、维护复杂，所以设备生产率要与动车运用所检修需求、生产管理、技术力量、劳动力等相适应。不能盲目要求生产率越高越好，这样可能造成生产不平衡，服务供应工作跟不上，不仅不能发挥设备的全部效能反而会造成损失。

3．生产力

设备的生产力指设备的客观物质能力，如立体仓库货架仓储量、起重机的起吊重量等。生产力的选择要与生产需求相适应，生产力不足则不满足运营生产需求,生产力过大会造成浪费。

4.可操作性

可操作性属人机工程学范畴,设备要求方便、可靠、安全,符合人机工程学原理,通常要考虑的主要事项如下:

(1)操作机构及其所设位置符合劳动保护法规要求,适合一般体型的操作者的要求。

(2)充分考虑操作者的生理限度,不能使其在法定的操作时间内承受超高体能限度的操作力、活动节奏、动作速度、耐久力等。例如,操作手柄和操作轮的位置及操作力必须合理,脚踏板控制部位和节拍及其操作力必须符合劳动法规规定。

(3)设备及其操作室的设计必须符合有利于减轻劳动者精神疲劳的要求。例如,设备及其控制室内的噪声必须小于规定值,设备控制信号、油漆色调、危险警示等必须尽可能地符合绝大多数操作者的生理与心理要求。

(4)设备操作控制的要求也很重要,一般要求设备操作轻便,控制灵活。生产工作量大的设备自动化程度应高,进行有安全风险作业的设备则要求能自动控制或远距离监督控制等。

5.安全性

安全性是设备对生产安全的保障性能,即设备应具有必要的安全防护设计与装置,以避免带来人、机事故和经济损失。

在设备选型中,若遇到新投入使用的安全防护性元部件,必须要求其提供实验和使用情况报告等资料。

6.可靠性

可靠性是保持和提高设备生产率的前提条件。人们投资购置设备都希望设备能无故障地工作,以期达到预期的目的,这就是设备可靠性的概念。

可靠性在很大程度上依赖于设备的设计与制造。因此,在进行设备选型时必须考虑设备的设计制造质量。

选择设备可靠性时要求使其主要零部件平均故障间隔期越长越好,具体的可以从设备设计选择的安全系数、冗余性设计、环境设计、元器件稳定性设计、安全性设计和人机因素等方面进行分析。

随着设备的不断更新对设备的可靠性要求也不断提高,设备的设计制造商应提供设备设计的可靠性指标,方便用户选择设备。

7．环保与节能

设备的环保性是指其噪声振动和有害物质排放等对周围环境的影响程度。在设备选型时必须要求其噪声、振动频率和有害排放等控制在国家和地区标准的规定范围内。

设备的能源消耗是指其一次能源或二次能源消耗，通常是以设备单位开动时间的能源消耗量来表示。在交通运输行业，也有以单位产量的能源能源消耗量来评价设备的能耗情况。在选型时，所选购的设备必须要符合国家《节约能源法》规定的各项标准要求。

8．设备的经济性

设备选择的经济性，其定义范围很宽，各企业可视自身的特点和需要而从中选择影响设备经济性的主要因素进行分析论证。设备选型时要考虑的经济性影响因素主要有初期投资、对设备的适应性、生产效率、耐久性、能源与原材料消耗、维护修理费用等。设备的初期投资主要指购置费、运输与保险费、安装费、辅助设施费、培训费、关税等。在选购设备时不能简单寻求价格便宜而降低其他影响因素的评价标准，尤其要充分考虑停机损失、维修、备件和能源消耗等项费用，以及各项管理费。总之，以设备寿命周期费用为依据衡量设备的经济性，在寿命周期费用合理的基础上追求设备投资的经济效益最高。

9．可维修性

同样，人们希望投资购置的设备一旦发生故障后能方便地进行维修，即设备的可维修性要好。选择设备时，对设备的可维修性可以从以下几个方面衡量：

（1）设备的技术图纸、资料齐全，便于维修人员了解设备结构，易于拆装、检查。

（2）结构设计合理，设备结构的总体布局应符合可达性原则，各零部件和结构应易于接近，便于检查与维修。

（3）结构的简单性。在符合使用要求的前提下，设备的结构应力求简单，需维修的零部件数量越少越好，拆卸较容易，并能迅速更换易损件。

（4）标准化、组合化原则。设备尽可能采用标准零部件和元器件，容易被拆成几个独立的部件、装置和组件，并且不需要特殊手段即可装配成整机。

（5）结构先进。设备尽量采用自动调整、磨损自动补偿和预防措施自动化原理来设计。

（6）状态监测与故障诊断能力。可以利用设备上的仪器、仪表、传感器和配套仪器来监测设备有关部位的温度、压力、电压、电流、振动频率、消耗功率、效率、自动检测成品及设备输出参数动态等，以判断设备的技术状态和故障部位。今后，高效、精密、复杂设备中具有自诊断能力的将会越来越多，故障自诊断能力将成为设备设计的重要内容之一，检测和诊断软件也成为设备必不可少的一部分。另外，设备还需提供特殊工具和仪器、适量的备件或有方便的供应渠道。

第三节　设备配置

1．设备配置

设备配置主要基于铁路技术标准体系、运营单位的需求，但标准或规范存在以下限制：

（1）缺乏探索性。规范一般是基于成熟的方案。探索阶段的方案不会列入规范。但工程的进步无不是不断探索、更新的结果。

（2）运营的单位的个体性。全路动车运用所不可能完全按照一样的模式生产，不同的运营单位对设备的使用习惯略有不同。

（3）技术的快速发展。技术的发展是日新月异的，而标准或规范一般 5 年更新一次，规范往往滞后于技术的变化。

2．设备分类

按操作方式，动车组设备可分为以下类型：

（1）自动设备。设备自动化检测、识别、诊断。

（2）人工设备。人工目测、操作设备。

（3）人机互动设备。人工辅助，设备作业。设备辅助，人工作业。

按设备功能及性能划分，动车组设备主要包括以下类型：

（1）大中型检测设备。用于检测动车组某部位的设备。

（2）检修设备。根据修程，用于实现换件修需配备的检修设备。

（3）辅助检修设备。为实现以上两类设备作业，而配备的必要辅助设备。

（4）运转整备设备。用于清洗、补给等整备作业和司机管理运转作业的设备。

（5）运输车辆。为生产、生活提供运输的车辆。

动车设备配属见表 6.1，部分设备如图 6.1～图 6.16 所示。

表 6.1 动车设备配属表

序号	设备名称	主要功能	设置地点
一	大中型检测设备	满足动车组一、二级修需求	
1	车轮故障在线检测系统	动态检测轮对擦伤、尺寸、深层次缺陷，LVT 检测	轮对检测棚
2	受电弓动态检测系统	动态检测受电弓滑板磨耗、中心值偏差、接触压力、车顶状态等	轮对检测棚
3	一级修综合监测设备	检测本属动车组车侧、车顶图像	轮对检测棚
4	移动轮辋轮辐探伤系统	360°全范围精细探伤，检测轮辋轮辐周向、径向、斜向疲劳缺陷，具备多边形检测，配套样板轮，互锁设备	临修库或检查库
5	车底智能检测系统	一级修车底检查	检查库
6	TEDS 设备	检测入站外属车车底、车侧状况	车站咽喉区
二	检修设备	满足动车组临修及二级修需求	
1	转向架更换设备	更换转向架、轮对	临修库
2	双轴不落轮车床	镟修车轮，测量镟修前后车轮全尺寸参数	临修库
3	车窗维修工装	拆装玻璃，由割胶机、气动胶枪、三爪吸盘组成	临修库
4	轴箱盖拆卸工装	用于轴箱盖拆卸（CRH2、CRH380A 型动车组专用）	临修库
三	移动式检测专用设备	移动式设备，满足一、二级修检测作业	
1	空心车轴超声波探伤设备	以空心轴内孔表面为检测面对全轴进行螺旋扫查，可检测车轴外表面疲劳裂纹和内部缺陷	检查库
2	便携式空心车轴探伤设备	空心轴缺陷复核	检查库
3	便携式相控阵轮辋探伤仪	车轮缺陷复核	检查库
4	便携式受电弓测试仪	测试受电弓压力、升弓高度、升降时间	检查库
5	便携式轮对综合尺寸检测系统	检测车轮外形尺寸、轮对内侧距、轮径、制动盘、圆度、等效锥度等	检查库

续表

序号	设备名称	主要功能	设置地点
6	空调检修专用工装	回收、净化、定量加注、抽真空作业	临修库
7	齿轮箱油修设备	CRH2 型动车组 60 万千米检修需求，满足延长修需求	检查库
四	辅助检修设备	不直接用于动车组检修，辅助检修用	
1	安全监控系统	安全管理登顶作业与接触网锁闭工作，无线验电、电动接地开关、光电隔离、电源管控、数字广播等升级改造功能，库门联锁	检查库
2	在线探伤用转轮器	在检查库内探伤作业中，支撑转轮	检查库
3	动车组专用抢修悬轮装置	正线动车组轮对故障抱死等情况下，悬轮救援	检查库
4	头车检修平台	满足弧形头车登高更换刮雨刷、车灯用	检查库
5	受电弓应急升弓装置	蓄电池亏电，为受电弓升弓用	检查库
6	曲臂升降车	检修车顶、头车用	检查库
7	公铁两用车	牵引动车组进行临修、镟轮作业，可在驾驶室控制和遥控	临修库
8	便携式安全照明灯	检查车底部、车内，具有工作光、强光、爆闪三挡光，可作照明或远距离信号指示	检查库
9	辆份制配送小车	根据修程需求，成套配送工具	检查库
10	动车组检修工具网	满足车顶、车内、边门、车钩、设备舱、滤网、走行部、测量等作业的各种扳手、测量等工具	检查库
11	轨道桥及三层作业平台	形成地面、车内 1.25 m、车顶 3.8 m 三层作业面	检查库
12	吊钩桥式起重机 $Q=10$ t，$s=22.5$ m	临修库吊运空调、转向架	临修库
13	电动单梁悬挂起重机 $Q=2$ t，$s=3$ m	临修库边跨吊运零部件	临修库
14	电动单梁桥式起重机 $Q=3$ t，$s=5$ m	检查库边跨吊运零部件	检查库

续表

序号	设备名称	主要功能	设置地点
15	地面电源	给动车组蓄电池提供电源	检查库
16	空气压缩机	提供气动工具、吹扫除尘用压缩空气	空压机间
17	风水盘管系统	提供压缩空气管道盘管用	检查库
18	悬挂式综合管廊	集中布置库内管道	检查库
19	立体存放库	存放动车组消耗品等零部件	检查库
20	驾驶式洗地机	清洗库内地面	检查库
21	室外标志标识系统	标注室外股道编号及停车位置标牌	室外
22	车号自动识别设备	检测动车组车号	出入所咽喉区
23	智能扭矩校验系统	校验扭力扳手扭矩数据	检查库
24	库内标志标识	库内进行警示、提醒、作业辅助的警戒色及标牌	检查库
25	钥匙管理系统	管理司机钥匙	检查库
26	工具管理系统	智能管理工具、领料	检查库
27	库内挡车器	安装于尽头式检查线尾端	检查库
28	存放架	零部件库存放货物用	检查库
29	移动电源车	给动车组供电	检查库
五	运转整备设备	运转整备设备包括对司机的运转管理设备,以及对动车组补水、补砂、除尘、清洗等整备作业设备	
1	洗车机	通过式,清洗车体侧面	检查库
2	卸污设备	真空卸污	检查库
3	上水设备	客车上水	检查库
4	冷水高压清洗机	清洗滤网	检查库
5	大功率吸尘器	车体及设备仓除尘	检查库
6	油脂综合加注车	用于动车组所有油脂的定量加注、管理	检查库
7	变流器冷却液加注装置	加注冷却液	检查库
8	自动上砂小车	对动车组加砂	检查库
9	随车机械师出退勤设备	管理随着机械师出退勤用,包括测酒仪、触摸屏等	检查库、公寓

续表

序号	设备名称	主要功能	设置地点
10	运用安全管理系统	管理司机出退勤等作业，集成大屏幕、摄像、测酒、指纹、触摸屏等一体设备，自助办理出退勤业务	检查库、公寓
11	乘务一体机	集成机柜、摄像、测酒、指纹、触摸屏等一体设备，自助办理出退勤业务	车站
12	动车组司机操控信息分析系统 EOAS	集成转储卡、读卡器、数据转储分析、音视频工作站及 NAS 存储	车站
13	揭示自动验卡装置	验证 IC 卡写卡结果	车站
14	特殊行车揭示模拟装置	IC 卡数据模拟运行	车站
15	列车仿真驾驶培训系统	培训司机的模拟器	车站
16	生理心理调节设备	司机疲劳检测系统、心理多功能减压舱、身心反馈训练系统、音乐放松系统	车站
六	运输车辆	运输车辆	
1	剪叉自行式高空作业车	检修库内灯具等	检查库
2	2 t 蓄电池搬运车	搬运零部件	检查库
3	2 t 蓄电池叉车	搬运零部件	检查库
4	升降式材料搬运小车	搬运零部件，满足客运整备	检查库
5	作业人员接送	所内生产、办公人员接送车辆	室外
6	治安巡逻车	治安巡逻	室外
7	救援抢险车	救援抢险	室外
8	乘务员接送车	接送司机、随车机械师用	室外

图 6.1 轨道桥、三层作业平台

图 6.2 立体仓库

图 6.3 卸污单元

图 6.4 清洗、上水单元

图 6.5 移动轮辋轮辐探伤系统

图 6.6 空心轴探伤设备

图 6.7 空心轴试样轴

图 6.8 便携式空心轴探伤设备

第六章　设备选型

图 6.9　便携式轮对综合尺寸检测系统

图 6.10　风管道盘管系统

图 6.11　检修工具

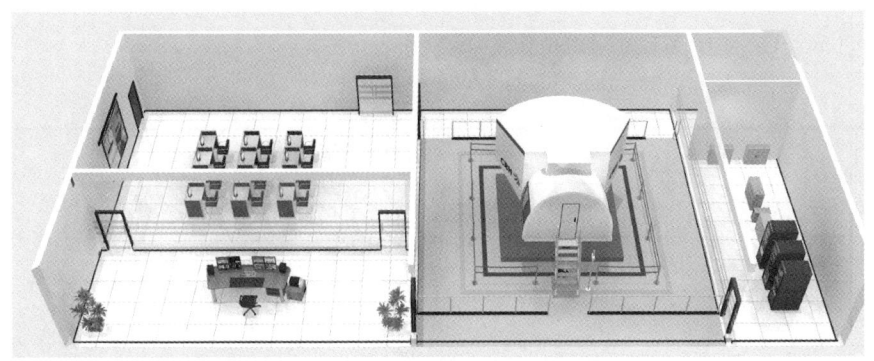

图 6.12　列车仿真驾驶培训系统

131

图 6.13 油脂综合加注车

图 6.14 公铁两用车

图 6.15 曲臂式升降车

图 6.16 头车检修平台

第四节 主要参数/土建条件

动车设备主要接口参数和土建条件见表 6.2。

表 6.2 动车设备主要接口参数

序号	设备名称	功率/kW	主要参数/土建条件
一	大中型检测设备		
1	车轮故障在线检测系统		
2	受电弓动态检测系统	65	检测棚：25 m×6 m×13 m 控制室：25 m×3 m×3.3 m
3	一级修综合监测设备		

续表

序号	设备名称	功率/kW	主要参数/土建条件
4	移动式轮辋轮辐探伤设备	10	设置在检查地沟内
5	车底智能检测系统	1	设置在检查地沟内
6	TEDS设备	14	机房：6 m×3 m×3 m，安装线路200 m长直线段
二	检修设备		
1	转向架更换设备	20	10 m×7.4 m×2.3 m
2	双轴不落轮车床	200	13.9 m×8.5 m×2.3 m
3	车窗维修工装	1.5	1 m×0.75 m×0.5 m
4	轴箱盖拆卸工装	—	0.2 m×0.3 m×0.2 m
三	移动式检测专用设备		
1	空心车轴超声波探伤设备	1.5	1.7 m×0.85 m×1.5 m
2	便携式空心车轴探伤设备	0.5	0.94 m×0.43 m×1.1 m
3	便携式相控阵轮辋探伤仪	0.35	0.94 m×0.43 m×1.1 m
4	便携式受电弓测试仪	0.5	—
5	便携式轮对综合尺寸检测系统	0.5	—
6	动车组蓄电池充电设备	8	1.2 m×1.1 m×1 m
7	空调检修专用工装	0.5	
8	齿轮箱油修设备	4.5	0.8 m×0.7 m×0.8 m
四	辅助检修设备		
1	安全监控系统	30	—
2	在线探伤用转轮器	1	0.65 m×0.6 m×1.725 m
3	动车组专用抢修悬轮装置	—	1.4 m×0.3 m×0.27 m
4	头车检修平台	2.2	4.5 m×3.1 m×3.2 m
5	受电弓应急升弓装置	0.4	0.41 m×0.35 m×0.22 m
6	曲臂升降车	2	5.5 m×1.2 m×2.0 m，工作升高4.8 m
7	公铁两用车	18	3 m×2 m×1.2 m

续表

序号	设备名称	功率/kW	主要参数/土建条件
8	便携式安全照明灯	0.1	—
9	辆份制配送小车	1	3.7 m×1.4 m×2.0 m
10	动车组检修工具网	—	—
11	轨道桥及三层作业平台	1	轨道桥长：437 m，三层作业平台长：432 m
12	吊钩桥式起重机 $Q=10$ t，$s=22.5$ m	55	总重 23.6 t，最大轮压 13.5 t
13	电动单梁悬挂起重机 $Q=2$ t，$s=3$ m	1	总重 1.6 t，最大轮压 1.9 t
14	电动单梁桥式起重机 $Q=3$ t，$s=3$ m	3	总重 2.6 t，最大轮压 1.8 t
15	地面电源	见 4.8 节	1.35 m×0.5 m×0.7 m
16	空气压缩机	55	2.0 m×1.1 m×1.6 m
17	风水盘管系统	—	0.5 m×0.5 m×0.5 m
18	悬挂式综合管廊	—	—
19	配件立体存放库	20	房屋：36 m×9 m×13 m（可调整）
20	驾驶式洗地机	2	1.5 m×0.9 m×1.3 m
21	室外标志标示系统	—	1.0 m×0.32 m（停车牌 0.5 m×0.32 m），杆高 2 m
22	车号设备（含 CPS、复示）	1	轨边设备与主机距离不大于 30 m
23	智能扭矩校验系统	0.5	1.4 m×0.7 m×1.1 m
24	库内标志标识	—	—
25	智能钥匙终端	0.5	1.1 m×0.7 m×1.8 m
26	工具管理系统	0.5	1.5 m×0.6 m×1.8 m
27	库内挡车器	0.2	2.8 m×1.5 m×2.2 m
28	存放架	—	—
29	移动电源车	—	3 m×1.3 m×1.8 m

续表

序号	设备名称	功率/kW	主要参数/土建条件
五	运转整备设备		
1	洗车机	150	整体道床长：60 m，控制室长×宽：60 m×4.8 m，补水量 1 吨/列
2	卸污设备	18.5	1.6 m×0.7 m×0.95 m
3	上水设备	—	
4	冷水高压清洗机	5	0.9 m×0.5 m×1.0 m
5	大功率吸尘器	5.5	3.7 m×1.4 m×2 m
6	油脂综合加注车	1.1	3.1 m×1.35 m×1.8 m
7	变流器冷却液加注装置	1.1	1.1 m×0.7 m×1 m
8	自动上砂小车	5	2.4 m×1.0 m×1.3 m
9	随车机械师出退勤设备	0.5	0.6 m×0.6 m×1.7 m
10	运用安全管理系统	10	
11	乘务一体机	1	2 m×1 m×0.3 m
12	动车组司机操控信息分析系统 EOAS	0.2	—
13	揭示自动验卡装置	0.2	—
14	特殊行车揭示模拟装置	0.2	—
15	列车仿真驾驶培训系统	60	13 m×21 m×6 m
16	生理心理调节设备	20	—
六	运输车辆		
1	剪叉自行式高空作业车	—	
2	2 t 蓄电池搬运车	3	1.9 m×1.1 m×0.7 m
3	2 t 蓄电池叉车	3	1.9 m×1.1 m×0.7 m
4	升降式材料搬运小车	—	
5	作业人员接送（敞开式）	—	
6	治安巡逻车	—	
7	救援抢险车	—	
8	乘务员接送车	—	

注：土建条件/主要参数中的数据 $X \times XX \times XXX$，其中 X 表示长，XX 表示宽，XXX 表示高。
"—"表示无此项内容或不易表示。

第五节 设备供应配合工作

设备供应是工艺设计的延续,选择的设备能否顺利供应、安装,发挥工程效益,也是设计工程师需考虑的一个内容。

动车运用所设备多为非安装设备,少量大型检测、检修设备需要安装工程。设备安装的流程如下:

一、编制技术规格书

根据建设单位的委托,设计单位编制设备技术规格书,明确设备功能、性能参数,以及工程范围与接口。

二、设备联络会

在设备中标后,建设单位组织供货商、施工单位、监理单位、设计单位等召开设备联络会,策划设备基础设计、安装时间等事项。

三、核实设备基础图纸

根据供货商提供的设备基础图纸,完成核实,修改设计。

四、施工配合

设计单位应提醒在设备基础实施前,需由供货商确认基础图纸,现场指导施工,配合完成预埋管道、预埋件等实施。

五、注意事项

1. 按图施工

施工单位要按照最新设备基础图纸施工。

2．按期实施

做好施工组织，按照一定的工序完成预埋、管沟、基础工程，保证按期完工。

3．厂家指导

部分设备基础较复杂，需厂家指导。

4．避免二次招标

尽量一次招标、一次采购，由于工期紧张，二次招标可能会影响工期。

第六节　设备维保

在国内的铁路项目，设备维保不包含在工程设计中。对于国外项目，业主常常要求设计方提供成套工程建设方案，包括工程设计、建设、运营以及设备维保方案。因此，研究设备维保，有利于拓展工程设计外延，实现工程设计的系统化。

一、维保制度

动车组设备检修采取"定期检修为主、状态修为辅"的检修方式，确保设备技术状态良好。动车组设备的定期检修分为小修、大修两级修程，小修以全面检测维修更换失效零件为主；大修以恢复设备性能和状态为主，各项检测指标须达到新造出厂精度标准。原则上探伤类小修周期为3个月，大修周期为5年；检测、试验、专用机加工、清洗类小修周期为3个月，大修周期为6年。

二、责任划分

动车组设备实行设备制造及检修质量责任追溯制。在动车组设备正常使用维护条件下，制造及检修质量保证期内发生设备故障（事故）影响检修作业的，由设备制造或检修单位承担由此产生的经济损失和相应的质量责任。具体责任划分如下：

（1）属设备设计、制造质量缺陷的，由设备厂家承担责任。

（2）属设备检修质量缺陷的，由检修单位承担责任。

（3）属使用不合格设备或使用未经铁路运输企业技术审查的设备、技术改造不符合国家铁路集团有限公司技术政策，以及设备大修过期的，由运营单位自行负责。

（4）属检修、维护管理人员未按设备技术条件要求进行维护保养，设备日常维护不到位的，由检修维护单位承担责任。

三、维保方式

随着大量的高铁线路的开通运行，设备维护工作面临着新的挑战。各动车运用所引进了大量的先进设备和系统，为确保这些高端设备和系统的正常使用，其维护、检修、保养将需要大量的高端技术人才和先进的设备管理理念，如果单靠动车运用所自己的力量，已经远远不能满足设备的维护需求，也必将耗费巨大的财力和物力，而且疏于维护甚至会导致设备使用寿命的降低。在此背景下，越来越多的动车运用所把技术性、专业性较强的设备和系统的维护保养工作采取合同、合资等模式外包出去，而将精力集中在培育自己的核心竞争力即高效优质的检修质量上。这给检修装备制造产业也提供了一个新的市场空间。目前，一般由供货厂商承担设备维保服务外包。这是充分利用厂商的专长和优势达到降低成本，提高生产效率的一种管理模式。其本质是动车运用所在内部资源有限的情况下，仅保留其最具竞争优势的核心资源，而把其他资源借助于外部的专业化资源予以整合，以优化资源配置，实现其自身持续性发展。当然，由专业的维保公司承担所有设备外包服务也是一个发展方向，这种模式针对国外项目更合适。外包有以下几个优势：

（1）增强动车运用所的竞争优势。

对于动车运用所而言，设备维修主要是起着辅助作用，是为了维持动车运用所动车检修作业的辅助部门，在动车运用所的日常管理中处于非核心的位置。对设备维修实行外包，可以使动车运用所集中优势资源发展核心业务，提高动车运用所的核心竞争力，进而增强动车运用所的检修质量。

（2）降低动车运用所设备维修管理费用。

动车运用所在实施外包策略的过程中，主要利用外部资源来降低动车运用所自身的运营成本，这种有效的节约成本方式在信息、物流等领域得到了很好的证明。动车运用所将设备维修外包给专业的设备维修公司，可以使动车运用所减少在相关设备、技术、研究开发上的巨额投资,进而将本动车运用所的资源更为合理地利用,从而降低设备管理维护成本。

(3) 降低设备维修对生产的影响。

动车运用所将自己的设备,尤其是复杂的设备外包给专业的承包商来进行维修管理,不仅可以降低本动车运用所的成本,还可以降低动车运用所由于维修不善带来的不利影响。专业的维修公司配备专业的人才与设备工具,针对专门的设备进行维修,能够快速并保质保量地完成签约动车运用所的维修项目。另外,由于动车运用所与设备维修承包商作为独立的法人,在签订维修合同时清楚地界定了双方的责任与利益,一旦出现问题能够得到快速解决,使维修对生产的影响降为最低。

1. 管理制度

(1) 设备无故障运行考核制度。

维保单位建立动车组设备无故障运行考核制度,无故障率计算公式如下:

$$无故障率 = \frac{工作时间 - 故障影响时间}{工作时间} \times 100\%$$

(2) 故障应急抢修制度。

维保单位建立动车组设备故障处理快速反应机制和应急预案,并加强动车组设备备品、备件管理和易损、易耗件储备,设备出现故障须及时处理,恢复设备性能,保证设备正常使用。

(3) 台账管理制度。

维保单位应建立设备履历簿、设备台账,规范填写校验标定、点巡检和检修记录,明确保存期限。设备履历簿应包含以下主要内容:

① 设备说明书和合格证。

② 设备原理图、电气图、结构图、设备基础图等图纸资料。

③ 易损件目录及图纸。

④ 设备安装试运行验收交接单。

⑤ 设备改造、改进的方案、图纸资料。

2. 人员配备

维保单位配备动车组设备技术管理人员,指导动车组设备检修、维护、管理工作。维保人员应达到一定的文化程度、进行岗位培训、持证上岗。

3. 检修维护质量

设备日常维护及检修须严格执行作业指导书质量标准要求。

动车组设备委外修原则上应由原设备生产厂家或铁路局集团有限公司认可的检修单位承担。

动车组设备大修后的安装、调试工作由承修单位负责，使用单位参与配合，设备验收交接前，应进行相应的功能测试、人员培训、资料交接。

动车组设备大修须明确重要零部件检修质量保证期，在检修周期内发生故障应分析追究检修质量，按照检修合同进行赔偿或免费修复。

4．设备日常使用维护

设备的日常使用维护包括点检、巡检、日常维护保养、校验及标定。其中巡检和校验由设备维修单位执行，巡检主要是确认设备的各个组成部分的技术状态，确保设备运行平稳正常；校验是对设备准确度（精度）进行核对。

（1）巡检。

设备维修人员每班按作业指导书进行巡检。

巡检时必须携带常用工具及测量器具，对设备的机械、电气、液压、气动、微控、传导等组成部分进行常规性检查。设备管理技术人员应对巡检情况定期检查。

（2）校验。

设备上的仪表、传感器及检测用计量器具，由维保厂家配合所内检验部门定期送检，经检定合格后方可使用，严禁过期使用。

第七章 动车运用所的设计与建设实践

第一节 工程设计

一、成都动车运用所

成都动车运用所隶属于成都动车段，目前是成都枢纽唯一的动车组运用设施，承担枢纽所有配属动车组的一、二级修，临修和存放作业需求。工程占地 7×10^5 m²，新建房屋建筑面积 106 212 m²。

成都动车运用所一次规划、四期建设，设计中充分考虑了前期系统规划和接口设计，尽量减少过渡工程。总图布置采用"一所两站"模式，即一个动车运用所服务两个车站动车组检修作业需求。总图布局综合考虑两个方向接发车和维修作业；采用库前整备方式，提高了生产能力；不落轮镟修工位按照一线四轴模式布置，并与移动轮辋轮辐探伤系统共线设置，提高了检修效率。

成都动车运用所位于成都站与成都东站之间，距成都站中心约 3 km，距成都东站中心约 7 km，设 2 条出入段线与成都站相连，设 4 条出入段线与成都东站相连。动车运用所总长约 3 500 m，最宽处约 660 m。

成都动车运用所生产设施由存车场、检查库、临修库、不落轮镟库、外皮清洗区及其配套设备设施和出入段线、存车线、检查线、洗车线、走行线、临修线、不落轮镟线等组成，已建成检查线 16 条，存车线 64 条，临修线 2 条，不落轮镟线 3 条，洗车线 4 条。成都动车运用所总平面布置如图 7.1 所示。

成都动车运用所总图采用纵列式方案，西端为检查作业区及存车Ⅱ场，东端为存车Ⅰ场，在存车Ⅰ场北侧为高级修检修设施区，在存车Ⅰ场及Ⅱ场之间的咽喉区北侧设配餐中心、南侧设办公生活区。

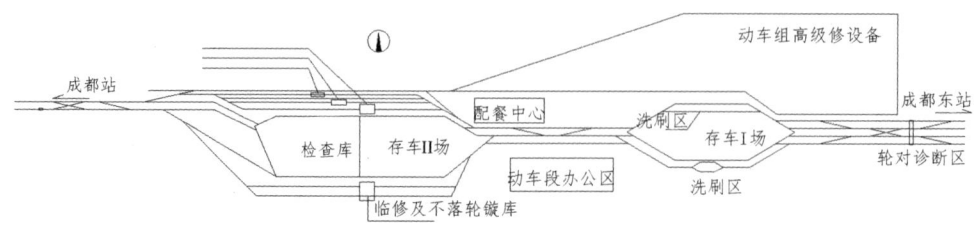

图 7.1 成都动车运用所总平面

动车运用所东侧为存车Ⅰ场，设置存车线 32 条，其中 10 条线路长度只能停放一列长编组，其余 22 条线路可满足一线停放两列短编组，线路间距按照 4.6 m 设置。在存车Ⅰ场南端设置洗车线 2 条，洗车区前后线路长度均可停放一列长编组动车组；在北端存车线 DCI-29 线与 DCI-30 线之间设洗车线 1 条，洗车区前后线路长度可停放一列短编组动车组。

检查作业区设两个 8 线检查库，轴线尺寸为 468×（36+36）+（468+120）×12（m）（局部二层）和 468×（36+36）+（468+396）×9（m）（局部二层），库房长度满足一线两列短编组动车组检查作业。在库前（东侧）设置存车Ⅱ场，设存车线 32 条，每线均可停放两列短编组动车组。存车Ⅱ场作为库前整备区，股道间硬化，间距 4.5 m，可完成卸污、上水作业。在检查库北侧依次布置贯通式的洗车线 1 条、走行线 1 条、不落轮镟线 2 条、临修线 1 条，配套设置不落轮镟库（轴线尺寸 36 m×18 m）、临修库（轴线尺寸 66 m×15 m）等房屋。在检查库区南侧另设临修线、不落轮镟线各 1 条，配套设置临修及不落轮镟库（轴线尺寸 60 m×24 m），与不落轮镟线共线设置轮对检测库（轴线尺寸 36 m×18 m）。

动车运用所东侧设 4 条出入段线连接成都东站，在出入段线上设轮对及受电弓诊断设备 3 套；西侧设 2 条出入段线连接成都站，在出入段线上设轮对及受电弓诊断设备 1 套。存车Ⅰ场和存车Ⅱ场两场之间设 3 条联络线。

段内主干道采用 7 m 宽道路，辅助道路采用 4 m 宽道路，在段内中部咽喉区设过车涵洞 1 座，便于人员在办公区与检修区之间通行。在动车运用所办公区设主通道一处，在检查库区设辅助通道一处。

二、贵阳北动车运用所

贵阳北动车运用所目前是贵阳唯一的动车运用设施，承担枢纽所有配属动车组的一、二级修、临修和存放作业需求。

贵阳北动车运用所由贵广工程立项，后经由渝黔、成贵工程扩建而成。

工程经过了两次规划，贵广和渝黔工程第一次规划，随着高速铁路网的快速建设，成贵工程在原址附近进行了第二次规划。我国很多枢纽都经过了类似的扩建，见证了我国高铁不断发展的历程。

贵阳北动车运用所位于贵阳北站北侧，距离贵阳北站中心线约 3.5 km，设 4 条出入所线与车站相连。

动车运用所总规模为检查线 12 条，存车线 52 条（另预留 12 条），临修线、不落轮镟线各 2 条，洗车线 3 条，动车所围墙内占地 7.4×10^5 m^2，新建房屋面积共计约 111 736 m^2。总平面布置如图 7.2 所示。

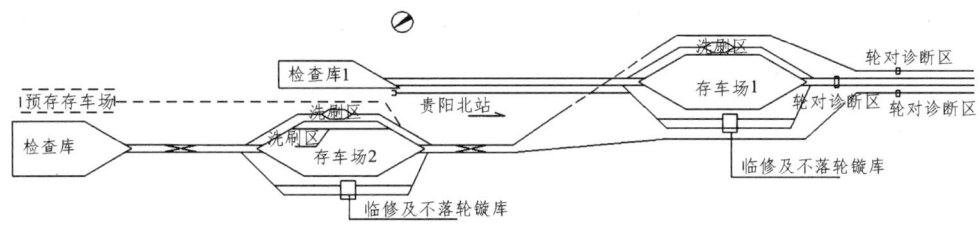

图 7.2　贵阳北动车运用所总平面

1．动车运用所 1

在贵广、渝黔引入贵阳枢纽工程中，在贵阳北站立项新建动车所 1 处，所址位于贵阳北客站北端长昆客专与贵开线之间的夹心地，距车站 3.5 km。

动车运用所 1 包括存车场 1、检查库 1 等设施。已建成出入所线 2 条，存车线 23 条，洗车线、临修线、不落轮镟线、牵出线各 1 条，检查库线 4 条。

总平面采用纵列式方案。南端为存车场，北端为检查库。

存车场设存车线 23 条，线路长度可停放一列长编组动车组，间距 4.6 m。在存车场 1 东侧设置外皮洗刷线 1 条，洗车区前后线路长度均可停放一列长编组动车组。在存车场西侧设临修线、不落轮镟线各 1 条，配套建设临修及不落轮镟库。

检查库为 4 线库，轴线尺寸为 468×33+(468+297)×9 (m)（局部二层）。设 2 条出入所线连接贵阳北站，在出入所线上设轮对及受电弓检测设备 2 套。在存车场东西两侧各设通往编组站道路 1 处。

2．动车运用所 2

随着成贵、贵南等高速铁路引入贵阳枢纽，枢纽动车组检查能力不足，成贵工程新建了动车所 2，包括存车场 2 和检查库 2，并预留存车场 3。其规模为检查库线 8 条，动车组存车线 29 条，另设置有临修线 1 条、不落轮镟修线 1 条、洗车线 2 条等。因为不是一次规划，所以，出入所线从既有动车运用所存车场外包引入。

存车场 2：在检查库 1 西北侧位置新建存车场 2，设存车线 29 条，线路间距 4.6 m，一线均可停放两列短编组动车组。

贵阳北动车运用所扩建设施总平面布置采用纵列式两场布置方案，动车运用所南端场由东向西依次布置洗车线 2 条、动车存车场 2（存车线 29 条，其中 3 条兼作人工补洗/卸污线）、临修/不落轮镟线各 1 条；北端场由东向西依次布置办公生活区、8 线检查库及边跨、牵出线 1 条（兼作人工补洗）。

贵阳北动车运用所存车场与检查库由南向北呈纵列式布置。利用入所线兼作轮对踏面诊断线。在入所线上设轮对踏面自动诊断设备，轨边设轮对踏面自动诊断机房。

动车组存车场设 29 条存车线，其中 DCII1~ DCII3 兼做人工补洗线。存车线均按存放 2 列短编组动车组或 1 列长编组动车组考虑，在存车场两端和中部设有贯通的消防通道。

在动车组存车场东侧设置动车组外皮洗刷线 2 条。在洗刷线上设动车组外皮洗刷控制室 1 栋，洗刷区前后股道有效长满足 1 列长编组动车洗刷作业的需要。

在动车组存车场西侧设临修线、不落轮镟线各 1 条，按两端贯通设计。新建临修及不落轮镟库 1 栋，库前后的线路有效长按满足停放 1 列长编组动车组的需要设置。

在存车场与检查库连接的中间咽喉区的东侧及检查库东侧集中设置生产及办公生活房屋。

在存车场的东北面新建 8 线检查库 1 栋，检查库的轴线尺寸为 468 m×（33 m+33 m），每线满足 1 列 16 辆编组或 2 列 8 辆编组动车组运用检修需要。在检查库的东侧设边跨，边跨的轴线尺寸为 468 m×12 m（局部二层 432 m×12 m）。

动车所围墙内占地 4.65×10^5 m^2，新建房屋面积共计约 85 219 m^2。

三、南宁动车运用所

南宁动车运用所目前是南宁枢纽唯一的动车组运用设施，满足枢纽所有始发终到动车组的一、二级修，临修和存放作业需求。

工程由柳南工程兴建，占地 4.2×10^5 m^2，房屋建筑面积 42 802 m^2。

南宁动车运用所由存车场、检查库、临修及不落轮镟库、外皮清洗控制室及其配套设备设施和出入所线、存车线、检查线、洗车线、走行线、临修线、不落轮镟线等以及生产办公生活房屋等组成，已建成检查线 6 条，存车线 35 条，临修线 1 条，不落轮镟线 1 条，洗车线 2 条。

南宁动车运用所位于南宁东站南侧，距南宁东站中心约 6 km，设 3 条出入所线与南宁站相连，总长约 2 580 m，最宽处约 263 m。南宁动车运用所采用纵列式布置，南端为检查及临修作业区，北端为存车及洗车场，办公生活区设于检查区西侧。

检查及临修作业区设检查线 6 条，配套新建检查库；在检查库东侧布置了临修及不落轮镟库，设置了临修线、不落轮镟线、牵出线各 1 条；在检查库西侧布置了办公生活区。

存车及洗车场设置了存车线 35 条，在存车场两侧各设洗车线 1 条。

出入所线位于动车运用所北侧，设 3 条出入所线连接南宁东站，在出入所咽喉设有轮对、受电弓动态检测装置。

段内主干道采用 7 m 宽道路，辅助道路采用 4 m 宽道路。

南宁动车运用所总平面布置如图 7.3 所示。

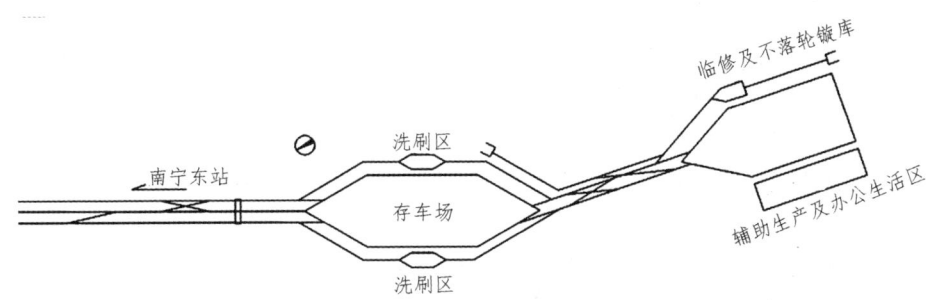

图 7.3　南宁动车运用所总平面

四、桂林北动车运用所

桂林动车运用所采用两场咽喉洗车模式，充分利用了洗车设备。

桂林北动车运用所隶属于南宁车辆段，满足桂林枢纽所有始发终到动车组的一、二级修，临修和存放作业需求。

在贵广引入桂林枢纽工程中，在桂林北站衡阳端贵广疏解区附近新建动车运用所 1 处，距离车站约 3 km。

动车所建设规模为检查库线 6 条，动车组存车线 36 条，另设置有临修线 1 条、不落轮镟修线 1 条、牵出线 1 条、洗车线 2 条等。

桂林北动车运用所总平面布置采用纵列式两场布置方案，动车运用所北端场由东向西依次布置临修/不落轮镟线各 1 条、牵出线 1 条、6 线检查库及边跨、办公生活区，南端场布置存车线36条（其中4条兼作人工补洗线）。

桂林北动车运用所存车场与检查库由南向北呈纵列式布置。利用出入所线兼作轮对踏面诊断线。在出入所线上设轮对踏面及受电弓自动诊断设备。

动车组存车场设36条存车线，其中D1、D2、D35、D36兼做人工补洗线。存车线均按存放2列短编组动车组或1列长编组动车组考虑，在存车场两端和中部设有贯通的消防通道。

在存车场与检查库连接的中间咽喉区设置动车组外皮洗刷线2条，设动车组外皮洗刷控制室2间，洗刷线有效长239 m满足1列短编组动车洗刷作业的需要。

在检查库东侧设临修线、不落轮镟线各1条，按尽头式设计。新建临修不落轮镟库及边跨1栋，库前后的线路有效长按满足停放1列长编组动车组的需要设置。

在动车所的西北端新建6线检查库1栋，检查库的轴线尺寸为468 m×（49 m+12 m），每线满足1列16辆编组或2列8辆编组动车组运用检修需要。在检查库的西侧设边跨，边跨的轴线尺寸为468 m×12 m（局部二层306 m×12 m）。

在存车场与检查库连接的中间咽喉区的西侧及检查库西侧集中设置生产及办公生活房屋、适当预留发展用地。

动车所围墙内占地4.64×10^5 m²，新建房屋面积共计约51 360 m²。

桂林北动车运用所总平面布置如图7.4所示。

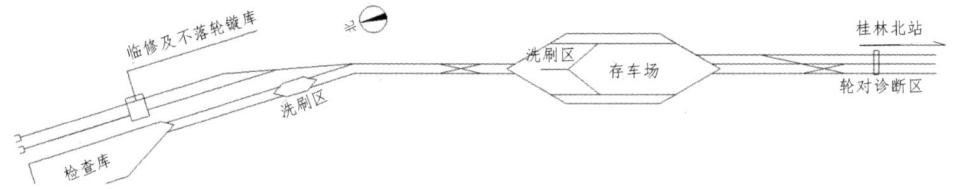

图7.4 桂林北动车运用所总平面

第二节 工程建设

动车运用所工程内容基本相同，因此工程建设方案也基本相近。以成都动车运用所工程为例，工程由成绵乐工程立项，后经西成、成渝、成贵工程扩建而成。工程建设由成绵乐铁路客运专线有限责任公司、成都建设指挥部、成都动车段建设指挥部承担，工程施工由中铁十四局、中铁电气化局承担，工程监理由成都大西南铁路监理有限公司承担，中国铁设、铁一院承担施工图咨询任务，中铁二院承担工程勘察设计任务。成都动车运用所工程建设体现了以下特点：

（1）经过多次规划、分期建设，展现了高铁技术的发展历程。

（2）由同一个项目总体组承担勘察设计任务，较好地实现了系统规划，避免或减少了专业设计交互工作。

以成贵工程引入成都动车运用所为例，工程建设组织、方案如下：

1．施工组织机构、队伍部署和任务划分

（1）施工组织机构。

工程实行项目经理负责制，组建项目经理部，全面负责组织和实施工程施工任务，对工程的质量、进度、安全、成本等进行全过程控制。项目经理部组织结构如图7.5所示。

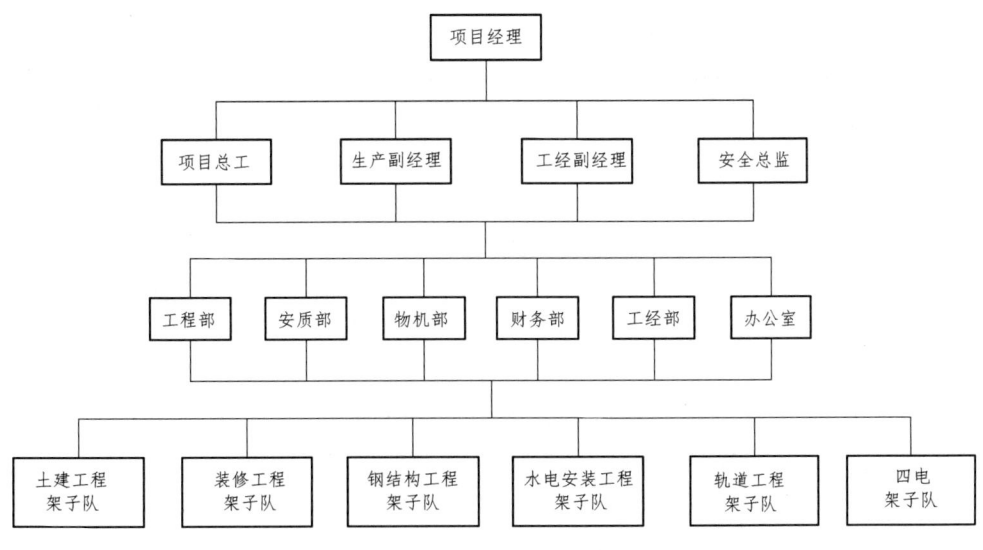

图7.5 项目部组织结构

（2）职能分工及职责。

项目经理部管理人员职责分工见表7.1。

表 7.1　项目经理部管理人员职责分工

序号	岗位	职责
1	项目经理	对本项目工程施工质量、工期、安全文明施工、环境保护、公共关系等方面负全面管理责任
2	项目总工程师	负责本项目日常技术、计划、质量管理工作;主持本项目工程施工技术质量管理全面工作
3	生产副经理	负责项目施工现场组织协调、安排和现场管理
4	工程部	协助项目总工,全面负责该工程的技术管理工作。负责施工组织落实,兼管质量、安全、技术
5	安质部	全面负责该工程施工质量管理。负责各专业质量检查及评定工作,负责文明安全施工的管理工作
6	物机部	负责并落实项目材料采购及管理工作
7	财务部	财务管理工作,负责合同、成本的管理预决算工作
8	工经部	负责合同、劳务管理、项目成本、计量、变更索赔、竣工结算管理
9	办公室	负责项目部管理人员的后勤管理,并负责收发文、会议纪要等的管理

（3）队伍部署及任务划分。

设置架子队 6 个,每个架子队的任务划分如下:

① 土建工程架子队:负责场区内所有混凝土结构的施工。

② 装修工程架子队:负责场区内所有房屋工程的装修施工。

③ 钢结构工程架子队:负责场区内所有钢结构的加工、安装。

④ 水电安装工程作业队:负责场区内所有房屋工程电气、水暖工程的施工。

⑤ 轨道工程架子队:负责场区内路基、桥涵及轨道工程的施工。

⑥ "四电"工程架子队:负责场区内通信、信号、信息、电力工程的施工。

2．施工准备和建设配合方案

（1）施工准备。

① 施工调查。

工程开工前,由工程部门牵头开展施工调查,调查的主要内容有自然地理情况、工程地质情况、水文地质情况、交通运输情况、可利用资源情况、建筑材料分布情况。

② 劳务人员、施工机械、施工材料准备。

劳务作业人员。优先选用与公司长期合作且信誉良好的劳务队伍，并结合项目工程量的大小、工期的长度，分阶段组织劳动力。

施工机械。工程土方工程量较大、工期紧，所用施工机械较多，在选用土方作业队时，项目部优先考虑实力大、资金雄厚的公司，以便本工程土石方分部工程的顺利开展。

施工材料。开工前，首先对钢筋、混凝土等大宗物资材料进行公开招标，确定合格的供应商，保证成都动车运用所工程优质、按期建成。

（2）建设配合方案。

① 与建设单位单位的配合。

自觉接受建设单位领导，按期、安全、优质地建设工程。

入场后立即编制实施性施工组织设计，报送建设单位审定后组织实施。

定期向建设单位报送年、季度生产计划、用款计划，年、季、月工程统计报表，质量安全事故报表以及建设单位要求的各类报表和资料。

及时提报验工计价资料、办理工程价款结算和竣工结算。按要求认真、及时向甲方提供财产交接资料，参加工程总结和工程项目评价工作。

积极与建设单位沟通、联络，主动接受建设单位在施工进度、质量、安全等方面的监督、检查和指导，对建设单位提出的要求积极响应，及时落实。

对已完工的工程，在正式验交前负责保管，保证其完好状态。

工程竣工后，按规定主动回访，实行保修。

② 与监理单位的配合。

自觉接受和主动配合监理工程师的监察、检验工作。

隐蔽工程自检合格后，按建设单位或监理统一规定格式填写隐蔽工程检查证及附件，于隐蔽前 48 h 向监理工程师提出申请到现场进行检查。

按时向监理工程师报送各类检查、试验记录及质量报表，主动提供施工资料。

主动向监理工程师报送实施性施工组织设计及重点、关键工程施工方案，征得监理工程师认同后实施。

③ 与设计单位的配合。

积极配合设计院做好交接桩工作，做好记录和标识，保护施工控制桩。

认真审核设计文件、设计图纸以及其他设计资料，发现问题及时和设计单位联系，确保正常施工。

施工中发现地质与设计不符情况需变更时,积极向设计单位提供完整准确的现场资料,以便设计单位进行变更及补充设计。

④ 与当地政府的配合。

遵守地方政府的法律、法规,尊重地方民俗、民风及其他生活习俗。

加强与地方政府的联系沟通。在拆迁征地、临时占地、施工配合方面取得共识。

与当地政府和群众开展共建活动,积极推进两个文明建设。

与市政道路、水利河道、道路交通等管理部门密切联系,取得配合,接受监督,减少施工对当地居民正常生活的干扰。

⑤ 与各站段的配合。

工程开工前,与各站段签订既有线施工安全协议,保证施工安全,并签订施工用水、用电协议,保证工程施工顺利开展。

3. 总体施工安排和主要阶段工期

成贵引入成都动车运用所工程包括检查线 8 条、存车线 17 条、洗车线 1 条,房屋建筑面积 44 915 m²,土石方 3×10^5 m³,铺轨长 5.2 km。建设总工期 185 天,2015 年 3 月 20 日开工,同年 9 月 20 日竣工,总体施工工期和分项工程进度计划见表 7.2 和表 7.3。

表 7.2 总体施工工期

序号	主要施工项目	开工日期	完工日期	历时
1	施工调查准备、清理场地	3 月 20 日	3 月 23 日	4 天
2	电力改迁	3 月 24 日	3 月 31 日	8 天
4	路基工程	3 月 24 日	6 月 30 日	3 个月 7 天
5	桥涵工程	3 月 24 日	6 月 10 日	2 个月 18 天
6	轨道工程	4 月 1 日	8 月 30 日	5 个月
7	四电工程	5 月 1 日	8 月 30 日	4 个月
8	检查库工程	3 月 24 日	8 月 31 日	5 个月 8 天
9	库内设备安装工程	7 月 24 日	8 月 31 日	1 个月 8 天
10	竣工验收	9 月 1 日	9 月 20 日	20 天

表 7.3　分项工程施工进度计划

序号	主要施工项目	开工日期	完工日期	历时
一	电力迁改			
1	电力迁改	3月24日	3月31日	8天
二	路基工程			
1	DJ21、DJ22路基填筑	3月24日	4月2日	10天
2	存车场路基填筑	4月5日	6月30日	87天
3	路基附属	5月1日	7月10日	2个月10天
三	桥涵工程			
1	JK1+504.5涵洞施工	3月24日	6月10日	2个月18天
2	JK1+672涵洞施工	3月24日	4月15日	23天
3	JK0+530涵洞施工	4月1日	4月30日	30天
4	JK0+299.2涵洞施工	5月10日	6月10日	31天
四	电力工程			
1	电力工程	5月1日	8月31日	4个月
五	轨道工程			
1	DJ22轨道铺设	4月1日	4月15日	15天
2	新建轨道道砟铺设	6月10日	7月20日	40天
3	新建轨道铺设	7月1日	8月29日	1个月29天
4	检查库内轨道铺设	6月10日	7月31日	41天
六	四电工程			
1	通信、信息工程	5月1日	8月29日	4个月
2	信号工程	5月1日	8月29日	4个月
3	牵引供电工程	5月1日	8月29日	4个月

续表

序号	主要施工项目	开工日期	完工日期	历时
七	新建检查库			
1	库区场地平整、破除	3月20日	3月23日	4天
2	灌注桩基础施工	3月24日	4月13日	21天
3	承台基础施工	4月14日	5月10日	27天
4	钢结构施工	5月11日	6月5日	26天
5	屋面板吊装	6月6日	6月15日	10天
6	围护墙施工	6月16日	7月5日	20天
7	屋面防水施工	7月6日	7月23日	18天
8	库内设备安装	7月24日	8月13日	21天
9	装饰装修及设备调试	8月14日	8月31日	18天
10	边跨夹层施工	5月1日	5月25日	25天
11	轨道桥基础（含基础加固）	4月1日	7月8日	99天
12	库内电缆沟	5月20日	7月15日	57天
13	竣工验收	9月1日	9月20日	20天

注：关键工序的流水施工时间未在计划中体现。

4．工程接口及配合

本工程涉及专业较多，各专业工程、各工序接口多，书中仅简单列出如下工程接口及注意事项：

钢结构图纸在深化设计阶段需仔细核实建筑图纸及结构图，做好门窗洞口的校核工作。厂房施工的重点需放在桁架的安装精度上，加工及安装前需再次确认吊车的起重吨位、跨度等重要参数，确保施工精度，尽量消除人为因素引起的误差及错误。

路基工程与框架桥工程可同时开工，但同区段桥涵工程需要在路基工程完工前1个月完成，以便有充分时间做好涵洞顶部填土工作。

接触网基础、通信辅助杆基础按照设计位置、规格与路基施工同步完成。

轨道工程施工期、土建工程完工后应做好线路的交接、复测工作，保证完工后的路基位置符合设计要求。

5．联调联试及运行试验

在工程完成静态验收后，确认达到联调联试条件及运行试验后采用检测列车、试验列车和相关检测设备对工程各系统的工作状态、性能、功能和系统间匹配关系进行综合测试、调整、优化和验证，使各系统和整体系统性能、功能均达到设计要求，满足开通运营的需求。

6．大型临时工程

本工程由于混凝土用量较少，不考虑设置现场混凝土集中拌合站及工地中心试验室，采取购买商品混凝土方式供应混凝土。

（1）临时用水。

工程施工临时用水来自既有供电段给水管网，引用点在既有成都动车运用所西侧给水井，主水管道采用 DN100 的 PE 管，在水源端头处装设阀门及水表，便于计费及维修。主管道引向施工现场，在施工现场管道分支为二，各往库边两端方向。分支处各装设一个球阀，便于支管日后维修，而不影响另一支管用水。末端各用水点采用 DN50 的 PE 管道。

（2）临电工程。

本工程现场临时用电设备数量多，用电负荷较大，施工工艺复杂，应严格执行《施工现场临时用电安全技术规范》（JGJ 46—2005）中的有关规定，编制临电施工组织设计。

① 工程现场临时用电采取 TN-S 供电系统，现场配电采用三级配电，总配电箱和开关箱设两级漏电保护，开关箱内的漏电保护器额定漏电动作电流不大于 30 mA，动作时间小于 0.1 s。整定各开关的整定保护值，并考虑上下级的配合，以保证设备和线路的安全运行。

② 工程施工现场临时用电施工用电负荷主要集中分布在材料加工区及库房生产区。材料加工区用电设备较为集中，机械数量及种类众多，用电负荷较大且用电性质较为复杂，设计安装一套一级配电箱，由一级配电箱分出两个二级箱分别为两个钢筋加工棚及水电材料加工区供电。库房生产区用电面积较大，线路敷设较长，为满足生产需要，设计三套一级配电箱沿库房边跨位置安装，并设计多个二级配电箱分区域为各工种生产供电，满足生产要求。

③ 干线电缆由于要经过东站货场，不时有车辆经过，而且沿途全部是硬化路面，故货场区域利用既有线杆电缆架空的方式敷设至施工现场附近，干

线路径需要穿越既有铁路，在过轨处埋设套管，电缆以穿套管方式敷设至施工现场。支线电缆的敷设根据现场施工情况采用直埋或挂墙的方式。

④ 基本保护系统的接线方式。

工程采用 TN-S 接零保护系统，即三相五线制，并且在配电房及现场总配电箱处作重复接地。

⑤ 配电线路的敷设。

所有施工用电干线均采用穿管埋地的方法走线。直埋电缆上设电缆标桩，标明电缆走向。电缆横穿场区道路部位穿钢管保护。工地两侧总配电室配电到各分配电箱。移动配电箱和各支路均采用 500 伏特 VV 橡套绝缘电缆线。

⑥ 防雷与接地装置。

工程接地系统分为两类，重复接地和防雷接地。在总配箱处做重复接地，接地电阻不大于 10 Ω；二级配电箱末端做重复接地，接地电阻不大于 10 Ω；脚手架防雷装置的冲击接地电阻不大于 30 Ω。

7．小型临时工程

（1）生产生活临时设施。

各场地设生产区和驻地办公生活区。办公生活区设办公室、职工宿舍、职工食堂、浴室、厕所等办公生活设施；生产区根据需要设配电房、发电房、钢结构加工车间、钢筋加工车间、木工车间等生产房屋。生活办公房屋统一采用彩钢板式结构，生产房屋采用砖混、砖瓦结构。对于有防火要求的用房，则按要求调整房屋结构，并按规定配备消防设施和器材。

生活区统一规划、集中布置，营区周围设铁丝网或彩钢板围护，涂以统一色彩及标识。

（2）场地规划。

① 因施工工作展开面大，场地较为狭小，现场采用积极地动态管理。

② 将新建八线库南侧硬化场地作为现场加工场地，设置钢筋、木工加工区。

③ 满足施工需要，充分考虑专业分包需要，体现总包特点，符合统一管理协调原则。

④ 经济实用、合理方便，与"建设精品工程"的指导思想相一致。

⑤ 采用装配式临建设施，提高装配速度，尽快投入使用。

⑥ 布置符合现场卫生、安全防火和环境保护等要求。

（3）现场生产设施布置。

① 钢筋加工。

根据现场的施工区域划分，钢筋加工区共划分为两个区域，设置在新建检查库南侧东西两端头，分为钢筋原材堆放区、半成品堆放区、待检区、合格区，并设置检验状态牌。

钢筋加工棚用矩管搭设，上盖彩钢板和两层防护脚手板。钢筋加工棚内设 1 台钢筋调整机、2 台砂轮切割机、1 台无齿锯、钢筋加工台、钢筋切断机 2 台、弯曲机 2 台、套丝机 2 台。

钢筋原材根据进度计划、生产需要逐批进场；钢筋半成品随加工随往工作面上运。

② 模板加工。

木工加工棚同样根据施工区域的划分，设 2 个木工棚，紧挨钢筋加工棚。

木工加工棚采用矩管搭设。木模板进场后堆放于木工加工棚一侧，木模板尽快倒运到木工棚加工成型，空出堆放场地。

在场地东、西两侧都分别设有轻型周转料堆放场地，主要用于钢管、扣件、对拉螺栓等材料的堆放。钢管分类堆放。

（4）现场道路。

利用既有道路及混凝土硬化面，并在新建检查库四周设置 7 m 宽环形道路，并在检查库东侧和存车场东侧设置汽车出入的大门。

施工现场道路可供消防应急和材料运输使用，场地各出入口均能够进入消防车辆。

第三节　运营生产

一、成都动车运用所

1．服务线网

成都枢纽现开行西成、成渝、成绵乐、成灌、遂成铁路运行动车组。

2．配属动车组

配属 116 列短编组动车组，包括 CRH1A、CRH3A、CRH380A、CRH380D 型动车组，长短编组根据运行情况调整，停放外局 12 列（包括 11 列长编组，1 列短编组）。

3．运营时间

根据运行图，一般在 6:00 以后发行首班动车组，在 10:40 发行最后一列动车组。成都站方向 3:16 首列出所至八里站缓存，成都东站方向首列动车组 4:00 出所。

晚间首列动车组于 19:00 入所，最晚一列 1:30 入所，高峰小时在 21:00。

4．出退勤

各个运用所管理模式不同，有的按照在车站办理司机退勤手续，成都动车所采用入所后首次停车办理退勤。

5．卸污、上水、洗车

每列车每天都在入库前卸污、上水。每列车每两天清洗一次。

6．一级修作业时间（含整备、调车）

（1）成都东方向：入所、洗车 20 min→入存车 Ⅱ 场 20 min→卸污 20 min→入检查库 10 min→库内无电作业 50 min→库内有电作业 50 min→联检 40 min→出库 10 min。共计 220 min。

（2）八里方向：DJ9 线洗车 20 min→调车入存车 Ⅱ 场 60 min→卸污 20 min→入检查库 10 min→库内无电作业 50 min→库内有电作业 50 min→联检 40 min→出库 10 min。共计 260 min。

7．生产能力

夜间一级修能力平均为 47 列/天。

8．编制与定员

成都动车运用所隶属于成都动车段，生产定员 1 564 人，行管定员 92 人，列生产专业技术定员 60 人，党群定员 16 人。共计 12 个科室办公室，包括行政办公室、党委办公室、调度科、技术科、安全科、设备信息科、保卫科、劳动人事科、财务计划科、职工教育科、质量验收室和材料科；6 个生产车间，包括运用车间、乘务车间、动车检修车间、动车转向架车间、设备车间和综合车间。

生产班制：各科室办公室除调度科、安全科 TEDS、保卫科巡守组、材料科管库班采用轮班制，其余采用日勤制或日勤值班制度。运用车间和乘务车间采用轮班制。动车检修车间采用日勤制。设备车间及综合车间涉及运用部分生产人员采用轮班制，其余采用日勤制或日勤值班制度。

二、贵阳北动车运用所

1．服务线网

贵阳枢纽现开行渝贵铁路、贵广客专、沪昆高铁、贵开城际、铜玉城际（联试阶段）运行动车组。

2．配属动车组

配属 65 列短编组动车组，包括 CRH380A、CRH380D 型动车组，CRH2A 型长短编组根据运行情况调整，停放外局 16 列短编组。

3．运营时间

根据运行图，一般在 05:00 以后发行首班动车组，在 10:52 发行最后一列动车组。贵阳北站方向早上 04:31 首列动车组出所。

晚间首列动车组于 16:30 入所，最晚一列 00:30 入所，高峰时间在 22:30～00:00。

4．出退勤

贵阳北动车所采用入所后首次停车办理退勤。

5．卸污、上水、洗车

每列车每天在入库前都卸污、上水。每列车每两天清洗一次。

6．一级修作业时间（含整备、调车）

入所、洗车 20 min→入存车场 20 min→入检查库 10 min→卸污 20 min→库内无电作业 50 min→库内有电作业 50 min→联检 40 min→出库 10 min，共计 220 min。

7．生产能力

夜间一级修能力平均为 27.4 列/天。

8．编制与定员

贵阳北动车运用所隶属于贵阳车辆段，生产定员 698 人（定员根据配属量进行动态调整）。

三、南宁动车运用所

1．服务线网

南宁东枢纽现开行柳南、南广、贵广、南昆等铁路运行动车组。

2．配属动车组

本局配属 129 列短编组动车组，包括 CRH2A、CRH380A 统型动车组，停放外局 25 列（包括 2 列重联车组，21 列单编组）。

3．运营时间

根据运行图，一般在 4:00 以后发行首班动车组，在 10:14 发行最后一列动车组。南宁站方向首列动车组 4:57 出所，南宁东站方向首列动车组 4:46 出所。

晚间首列动车组于 19:24 入所，最晚一列 0:06 入所，高峰时间在 22:00。

4．出退勤

南宁动车所采用入所后在调度办理退勤。

5．卸污、上水、洗车

每列车每天都在检查库卸污、上水。每列车每两天清洗一次。

6．一级修作业时间（含整备、调车）

入存车场 20 min→入检查库 10 min→库内无电作业 60 min（含卸污、上水、洗车）→库内有电作业 60 min→联检 30 min→出库 10 min，共计 190 min。

7．生产能力

夜间一级修能力平均为 29 列/天。

8．编制与定员

南宁动车运用所隶属于南宁车辆段，现有干部职工 854 人。其中工程师 3 人，助理工程师 14 人，技师 20 人，地勤机械师 438 人，随车机械师 234 人。设有技术组、调度组、检修一组、检修二组、专项修组、探伤组、材料组、TEDS 监控中心、乘务队、应急指挥组、综合组等 11 个班组。共计 3 个科室办公室，包括调度科、动车科、动车质检科。

生产班制：各科室办公室采用日勤制或日勤值班制度。技术组采用日勤制或日勤值班制度，其余班组采用轮班制。

四、桂林北动车运用所

1．服务线网

桂林北枢纽现开行柳南、南广、贵广、渝贵、南昆等铁路运行动车组。

2．配属动车组

桂林动车所配属 39 组短编组动车组，均为 CRH2A 型动车组，停放外局 4 列（单编组）。

3．运营时间

根据运行图，一般在 4:00 以后发行首班动车组，在 9:20 发行最后一列动车组。桂林北站方向首列动车组 6:44 出所，柳州站方向首列动车组 5:47 出所。

晚间首列动车组于 20:48 入所，最晚一列 0:07 入所，高峰小时在 22:30。

4．出退勤

桂林动车所采用入所后在调度办理退勤。

5．卸污、上水、洗车

每列车每天都在检查库或存车线卸污、上水。每列车每两天经由动车组自动清洗机清洗一次。

6．一级修作业时间（含整备、调车）

入存车场 20 min→入检查库 20 min→库内无电作业 60 min（含卸污、上水、车体补洗）→库内有电作业 60 min→联检 30 min→出库 20 min，共计 210 min。

7．生产能力

夜间一级修能力平均为 14 列/天。

8．编制与定员

桂林动车运用所隶属于南宁车辆段，现有干部职工 406 人，工程师 1 人，助理工程师 22 人，技师 11 人，地勤机械师 163 人，随车机械师 94 人。设有技术组、调度组、检修一组、检修二组、专项修组、探伤组、材料组、乘务队、后勤组等 9 个班组。另有动车质检科下属质检组。生产班制：技术组采用日勤制或日勤值班制度，其余班组采用轮班制。

参考文献

[1] 王利锋. 铁路机辆设备工程总体设计[M]. 成都：西南交通大学出版社，2016.

[2] 王伯铭，吴国栋. 动车组运用与检修[M]. 北京：中国铁道出版社，2011.

[3] 刘志明，王星明. 动车组设备[M]. 北京：中国铁道出版社，2014.

[4] 刘转华，唐阳. 动车组技术[M]. 北京：中国铁道出版社，2010.

[5] 李强，金新灿. 动车组设计[M]. 北京：中国铁道出版社，2011.

[6] 焦风川，王斌杰. 动车组运用与维修[M]. 北京：北京交通大学出版社，2012.

[7] 王连森，连苏宁. 动车组维护与检修[M]. 成都：西南交通大学出版社，2010.

[8] 李向国，黄守刚. 高速铁路技术[M]. 3版. 北京：中国铁道出版社，2015.

[9] 李晓村，张中央. 机车新技术概论[M]. 成都：西南交通大学出版社，2006.

[10] 高柏，李国武，甄志宏. 中国高铁创新体系研究[M]. 北京：社会科学文献出版社，2016.

[11] 殷瑞珏，李伯聪，汪应洛. 工程演化论[M]. 北京：高等教育出版社，2011.

[12] 殷瑞珏，汪应洛，李伯聪. 工程哲学 [M]. 2版. 北京：高等教育出版社，2013.

[13] 陈登凯. 设计哲学[M]. 西安：西安交通大学出版社，2015.

[14] 卡尔·米切姆. 工程与哲学[M]. 人民出版社，2013.

[15] 胡飞. 问道设计[M]. 北京：中国建筑工业出版社，2011.

[16] 杭间. 设计道[M]. 重庆：重庆大学出版社，2009.

[17] 薛守义. 工程哲学：工程性质透视[M]. 北京：科学出版社，2016.

[18] 殷焕武. 项目管理导论[M]. 北京：机械工业出版社，2008.

[19] 道·加比，保罗·撒加德，约翰·伍兹. 爱思唯尔科学哲学手册：技术与工程科学哲学（下）[M]. 郭贵春，殷杰，译. 北京：北京师范大学出版社，2015.

[20] 罗伯特 S 平狄克，丹尼尔 L 鲁宾费尔德. 微观经济学[M]. 8 版. 李彬，高远，等，译. 北京：中国人民大学出版社，2013.

[21] 曼昆，梁小民，梁砾. 经济学原理：微观经济学分册[M]. 5 版，北京：北京大学出版社，2016.

[22] 中国铁路总公司劳动和卫生部，中国铁路总公司运输局. CRH380A（L）型动车组司机[M]. 北京：中国铁道出版社，2016.

[23] 杨中平. 漫话高速列车[M]. 2 版. 北京：中国铁道出版社，2013.

[24] 中国铁路总公司.高速铁路动车组技术[M]. 北京：中国铁道出版社，2016.

[25] 辞海编辑委员会. 辞海[M]. 上海：上海辞书出版社，1999.

[26] 徐飞. 纵横"一带一路"中国高铁全球战略[M]. 上海：上海人民出版社，2017.

[27] 中国铁路总公司. TG/01—2014 铁路技术管理规程(高速铁路部分)[M]. 北京：中国铁道出版社，2014.

[28] 国家铁路局. TB 10621—2014 高速铁路设计规范[S]. 北京：中国铁道出版社，2015.

[29] 国家铁路局. TB 100632016 铁路工程设计防火规范[S]. 北京：中国铁道出版社，2017.

[30] 中华人民共和国住房和城乡建设部，中华人民共和国国家质量监督检验检疫总局. GB 50187—2012 工业企业总平面设计规范[S]. 北京：中国标准出版社，2012.

[31] 中华人民共和国住房和城乡建设部，中华人民共和国国家质量监督检验检疫总局. GB 50016—2014 建筑设计防火规范[S]. 北京：中国计划出版社，2012.

[32] 徐久勇. 地铁车辆段尽端式总平面布置研究[J]. 铁道工程学报，2014，31（6）：93-98.

[33] 徐久勇. 深圳地铁 3 号线横岗车辆段双层总平面布置分析[J]. 铁道工程学报，2011，28（8）：112-115.

[34] 王利军，李伟东，赵恒，等. 高速动车组再生制动控制系统的研究与仿真[J]. 铁道工程学报，2012（6）.

[35] 林绍平. 重庆枢纽动车组运用设备分布及规模研究[J]. 高速铁路技术，2018.

[36] 向航鹰.成都动车段工程设计及技术创新[J].铁道标准设计，2017（11）：155-158.

[37] 王道君.成都货车检修基地设计方案的研究及特点[J].高速铁路技术，2010，01（4）：30-32.

[38] 吴桂虎.地铁车辆段综合管线设计研究[J].铁道工程学报，2011，28（10）：129-136.

[39] 李加祺.移动式轮辋轮辐探伤系统优化研究与实施[J].铁道车辆，2018v.56；No.650（05）：5+47-49.

[40] 周玲玲.武汉动车段轮辋轮辐探伤及镟轮工艺线新型设计研究[J].铁道标准设计，2017（04）：169-171.

[41] 韩文娟，董晓鹏.国外高速动车组的发展趋势分析[J].机车车辆工艺，2017（4）：8-10.

[42] 栗山敬，李伟平.日本为国外开发的新型高速铁道车辆"efSET（R）"[J].国外铁道车辆，2011，48（4）：12-17.

[43] 韩文娟，董晓鹏.国外高速动车组的发展趋势分析[J].机车车辆工艺，2017（4）：8-10.

[44] 裴春兴，李娜，贾楠，等.高速动车组接地技术分析和研究[J].铁道机车与动车，2014（8）：17-21.

[45] 段飞.动车组牵引变流器冷却系统冷却方式研究[J].科技创新与应用，2015（10）：68-68.

[46] 邢晓东.CRH动车组地面电源系统[J].铁道车辆，2009，47（2）：34-37.

[47] 王新，付子义，郑征.机电设备故障诊断技术及应用[M].北京：煤炭工业出版社，2013.

[48] 周斌，谢名源，吴克明.动车组维修体制现状分析及展望[J].机车电传动，2017（1）：17-21.

[49] 田建芬.动车段（所）控制集中系统与位置追踪系统优化设计[J].铁道通信信号，2017（1）：46-49.

[50] 王嵩.到发线有效长度及信号系统适用性分析[J].铁道标准设计，2017（2）：122-126.

[51] 冯姗姗.国外铁路技术规章管理经验分析及启示[J].铁道运输与经济，2016，38（4）：83-88.

[52] 吴伟，朱洁琳，徐力，等.我国铁路技术标准体系分析[J].铁道技术监

督，2016（11）：1-4.

[53] 史俊玲，张久长. 日本北陆新干线的 E7 系/W7 系高速列车[J]. 国外铁道车辆，2016，53（1）：11-16.

[54] 中国铁路总公司. 中国铁路总公司关于印发时速 160 公里动力集中电动车组暂行技术条件的通知（铁总科技〔2017〕239 号）[S]. 2017.9.

[55] 中国铁路总公司. 中国铁路总公司关于推进动车组及和谐型机车修程修制改革的指导意见（铁总机辆〔2019〕54 号）[S]. 2019.4.

[56] 中国铁路总公司. 中国铁路总公司关于印发《铁路技术管理规程》的通知（铁总科技〔2014〕172 号）[S]. 2014.6

[57] 中国铁路总公司. 中国铁路总公司关于印发《动车组司机管理办法》的通知（铁总运〔2016〕64 号）[S]. 2016.3

后　记

高速铁路动车运用所工程设计具有知识面广、系统性强的特点，本书从动车组技术、工艺设计、设备选型、运营生产4个方面，对动车组运用所工程设计进行较为详细的解读。

1．工程研究离不开哲学

哲学不属于技术范畴，无法在技术上指导工程，但哲学可以帮助工程师思考工程，达到理性自觉，深化对工程的认识，树立正确的工程观，从而间接的影响工程实践。工程活动不能简单停留在技术中心论和人类论，当我们参与工程时，我们可能专注、理解、激动、喜悦或迷茫，哲学在工程观、方法论、伦理等方面为工程师提供有益的启发，进行追问质疑和批判反思，对工程的合理性和有效性做出判断。工程师没有哲学思维，离开批判性思考，离开辩证法，便会一直停留在技术层面，设计工作就不可能有突破。做大工程、大项目，必须用哲学的思维思考工程、设计工程，诠释工程价值。所谓"形而上者谓之道，形而下者谓之器"，工程哲学可谓"形而上"，而工程技术可谓"形而下"。以哲学的思维方式和学科体系去探索工程的本质、价值、方法及历史，构建系统的工程设计理论和方法体系。

2．工艺设计是动车运用所工程设计的关键技术

动车运用所工程一般以工艺专业为总体，多专业协作设计而成。相比其他专业设计，工艺设计更具有规划性、系统性、总体性的特点，工艺设计是决定生产运营"功能、能力、效率"的关键因素。工艺设计不能简单依靠传承和规范，应夯实工艺专业设计内涵，拓展动车组选型、设备技术、生产管理的外延，从定量设计、能力均衡、人机工程、资源共享、节能增效等方面提出系统的专业设计方案。

3．探索成套技术尤为重要

工程设计体现了集成和综合，一个动车运用所工程设计几乎涉及铁路行

业所有的专业，各专业协同设计非常重要，系统设计，探索成套技术尤为重要。

4．动车运用所工程设计有待进一步优化、发展

动车运用所工程经过十几年的发展，设计方案基本稳定，但仍存在一些争议或有待深入探讨的问题，如空间利用、人工补洗、室内外综合管沟、检查作业时间、工艺流程方案等。智能化设备尚未形成成套技术，资源共享、数据可信、故障安全问题尚未得到有效解决。未来动车运用所在作业时间、智能生产、工艺流程有待进一步优化、发展。设计方案仁者见仁，智者见智，但剖析问题的根源以探求事物的真理是很有必要的。

5．工程之美不仅在于其集成综合，观察视角不同也同样美妙

横看成岭侧成峰，远近高低各不同。不同的观察视角，工程体现不一样的美。从工程设计看工程，工程之美在于集成综合、优化比选。从科研看工程，工程之美在于科学的真理论向工程价值论转化，如何实现科学为人类服务。从设备供应看工程，工程之美在于先进的科学技术、精准的数据检测。从运营生产看工程，工程之美在于高效的生产、可靠的运营。从工程外部看工程，工程之美在于工程效应。多视角研究工程，能更透彻地接近事物的本质。本书主要从设计的角度研究工程，期望能有同仁多角度研究工程。